星子县地图（1956年）

星子历史文化丛书

▼
著
查勇云

南康名宦

江西人民出版社
Jiangxi People's Publishing House
全国百佳出版社

编委会成员合影（2018年6月）

左起：查筱英、罗环、景艳金、余松生、欧阳森林、王忠芳、陈则仁、徐萌

星子县行政区划图

星子县在江西省的位置

匡庐之南,彭蠡之滨,是我的故乡星子县。

"庐山之美在山南。"上初中时读王勃的《滕王阁序》,我对之就有所领悟。少时见识少,何以能对此文心领神会?实因王勃所描绘的,就是我家乡的山光水色。

王勃状景抒情,其文如一幅绝妙的"湖山胜景图"。他从大处着眼,写滕王阁所处的鄱阳湖和庐山风景:"遥襟俯畅""逸兴遄飞",以其特有之想象力,高瞻远瞩,不限于他在南昌赣江畔的所见所闻。细察实景,王勃所描绘的景色,唯庐山脚下、鄱阳湖岸边的星子县具备。试看:"潦水尽而寒潭清,烟光凝而暮山紫""层峦耸翠,上出重霄""落霞与孤鹜齐飞,秋水共长天一色""渔舟唱晚,响穷彭蠡之滨;雁阵惊寒,声断衡阳之浦",能切合这妙文的,家乡星子当之无愧。

星子山川灵秀,自古以来名流墨客,或来此为官作宰,或过访游览,不可胜数。星子素称"名贤过化"之地:陶渊明在这里躬耕隐居;李白、苏东坡来此吟诗咏词;佛印在此修行礼佛;周敦颐在此凿池种莲;朱熹来此开民智、办书院;王阳明在此勒石记功……这些文人雅士,或教化一方,或咏唱山水,其所作所为、所记所述,使星子人文昌盛,文化气息厚重。

今欣逢盛世,国家正大力加强社会主义文化建设。为了弘扬中华优秀传统文化,阐述优秀传统文化的时代价值,星子县一些文史研究工作者商议编写一部"山南历史文化丛书",以发掘家乡被岁月湮没的历史文化。丛书分官宦人物、风俗民情、诗文碑刻、村镇寺院等数集，将正史、方志所不载或未能细述之史事尽收书中。2016年5月，星子县与庐山合并，原定的"山南历史文化丛书"遂改名为"星子历史文化丛书"。

从2015年到2018年，数年时间内，作者们爬梳旧典，探幽发微、搜集、调查、整理，经过艰辛努力，克服重重困难，终于完成书稿。作者们将故园之思、家国之情融入书中，他们不辞辛苦、不计报酬、乐于奉献的精神，值得赞许。

为了使书稿顺利出版，北京景天国际旅游开发有限公司总经理景艳金先生慷慨解囊，鼎力相助。但愿有更多像景艳金先生这样不乏文化视野的企业家投身于家乡的文化事业。

今书稿已成，即将付梓，这是家乡文化史上一件盛事。相信此书出版发行后，将流传久远，足慰编者初心，长供后人查考。对传承优秀历史文化，自有积极意义。可喜，可赞，可贺！

值此丛书即将出版之际，我不揣文陋笔拙，撰此短文，聊以为序，并赋小诗一首，以志庆贺：

故土长牵家国情，
吾乡秀色自天成。
名贤过化千秋事，
入卷堪添史上声。

余松生

戊戌四月（2018年5月）

（余松生，江西星子县人，曾任中共九江市委副书记、市纪委书记）

序

　　我与勇云先生初识于二十世纪八十年代后期，那时我在星子县委党校教书，他是县委组织部的年轻干事。在那个年代，能进组织部是令不少人羡慕的事情。"到了组织部，年年有进步。"这句口头禅表明在组织部工作的人，仕途升迁机会较多。

　　二十世纪九十年代初，我离开星子到了九江。十几年后，有一次回乡去县政协访友，与勇云先生不期而遇，得知他已调县政协文史委，他称自己喜欢这份工作。我赞赏他的选择，记起二十世纪五六十年代流传的一段佳话：著名作家梁斌曾是河北省一位地委书记，写完名著《红旗谱》后，想辞职搞专业创作，此事在内部引起争议。事情传到北京，中央一位领导表态：我们找一位地委书记不难，培养一位优秀作家则不易，一锤定音。后来梁斌又出了长篇小说《播火记》，好评如潮。我想：在县里找一位组织部干事，或者副部长、部长不难，但要找一位甘坐冷板凳、热爱文史的工作者则不那么容易。

　　勇云先生不负所望，在历届政协领导的支持下，星子的文史工作做得风生水起，成果丰硕：编撰《星子政协志》、《山南文史》杂志、《星子文史录》等。他还参与组建庐山山南历史文化研究会，并兼任秘书长……

　　星子立县千年，又是南康府府治所在地。风光迷人，又地处要津，是北通京都、南下五岭的必经之处。自宋以降，来此做官为宦者不乏名流。如周敦颐、朱熹这样的文化大家，都曾任南康知军（府），故星子被誉为"名贤过化"之地（也称"真儒过化"）。勇云先生从事山南历史文化研究多年，积淀丰厚，由他撰写的《南康名宦》使人大长见识。

　　长期以来，谈到星子历史人物，一般人只知陶渊明、周敦颐、朱熹，知晓多一点的则还有钱闻诗、廖文英、毛德琦，或者本地的陶尚德、曹龙树。为了写好这本书，勇云先生在自己丰厚积累的基础上，于古籍的断编残简中翻检，在电脑网络中寻觅，钩沉索隐，辨讹拾遗，写出了这本《南康名宦》。这本书告诉我们来星子为官的历史文化名人不仅有周敦颐、朱熹，还有北宋状元舒亶（dǎn）、南宋"江湖派"诗人首领方岳、明代大学者王祎、晚清爱国诗人张维屏、清代红学家戚寥生。由戚寥生作序的《红楼梦》，后人称为戚本，是研究《红楼梦》的重要版本之一。南康府还出了刚正不阿、泰然入狱的吴宝秀；有民谣"前林后李，清和无比"歌颂的清官李应升；有一起抵御清军、壮烈殉职的两任南康知府王养正、王械（yù）；父子知军（府）朱熹、朱在，明南康推官、清南康知府廖文英……

　　地以人传，这么多历史名人留迹南康，给这片土地增添了阳刚之气与情韵风采，增强了星子人的历史自豪感与文化自信心。从这点上说，读者应感谢查勇云先生。

景玉川

2018 年 5 月于九江

凡　例

一、本丛书坚持实事求是地记述有关星子县的历史与文化。

二、丛书记事上自北宋太平兴国三年(978年)星子立县，下至2016年星子县与庐山合并，成立庐山市。

三、由于行政区域常有变化，除《战事纪略》与《摩崖碑刻》外，本丛书所述地域历史以中华人民共和国成立后最早的行政区域为本。

四、丛书保留原资料所载及当地习惯使用的计量单位斤、亩、里、公里等。

五、丛书中民国以前的纪年均用历史纪年，并在括号内注明公元纪年，民国及中华人民共和国成立后一律用公元纪年。

六、丛书所采用各种资料来源于档案馆档案、历代史志、谱牒、报刊、专著，以及有关人士回忆资料。为节省篇幅，未一一注明出处。

目 录

孔　宜

姓　名	孔宜	字　号	不疑
生卒年	941—986	出生地	山东曲阜
朝　代	北宋	职　官	星子知县

　　一个地方行政区划的设置与变更,反映着这片土地上的风俗流变与兴衰。

　　太平兴国三年(978 年),开国不久的北宋朝廷在鄱阳湖西岸设立了一个新县——星子县。

　　自唐朝至五代,随着社会经济发展,鄱阳湖区新设了几个县。公元 622 年(唐初)从彭泽分出都昌县,公元 957 年(五代)从彭泽分出湖口县。此时,星子还属江州德化县,五代杨吴大和年间(927—935 年)才设立有士兵戍守的星子镇。

　　开宝九年(976 年)末,孔宜被任命为司农寺丞,掌管江州德化星子镇市征,相当于现在管理财政和税务的官员。

星子镇位于一座半岛上,所属水域为鄱阳湖区狭长地带。在以水运为主的古代,鄱阳湖是贯通中华南北的黄金通道。孔宜到星子镇不久,发现这里的地理位置十分重要,是北通京都、南下五岭的必经之处,为控扼军事与交通要冲之锁钥。

于是,孔宜向朝廷上奏:"星子当江湖之会,商贾所集,请建为军。"朝廷很重视孔宜的奏表,朝议认为此地丁户少,也许由"镇"升为"军"幅度太大,有些突兀,最终以"地狭人稀"为由,只批准星子升镇为县。第二年才批准设立星子县,孔宜为第一任知县。

星子码头

仅仅过了三个年头,即太平兴国七年(982年),朝廷在星子设南康军,辖都昌、星子、建昌(今永修、安义)三县,军治在星子县城。"军"是宋才有的行政区域,与府、监同级,监多设在矿区,军则设在交通与军事要道。南康军的设立,证实了孔宜的敏锐与前瞻的眼光。没等南康军设立,孔宜就已被调回朝廷。

孔宜,字不疑,山东曲阜人,生于天福六年(941年),为孔子第四十四代嫡传长孙。他自幼聪颖,十岁能文。北宋初期,百废待兴,孔宜未能袭封爵号。于是他与其他士子一样,进京应试,冀走科举之路,可惜初试不第。乾德四年(966年),孔宜上书皇帝,陈述自己的家世,期望为朝廷效力。宋太祖赵匡胤阅后破例下诏"复其宗",赏孔宜九品官阶,任其为山东曲阜县主簿,主掌孔府祭祀,只是仍未封爵。后又任命他为黄州(今湖北黄冈)军事推官(八品),佐理军务。

孔宜在星子知县任上回调京师,向朝廷复命时献文赋数十篇。宋太宗阅罢很高兴,召见孔宜,问及家世及近况,认为孔宜"言忠行笃,守法奉公",人才难得,故特下诏:

素王之道,百代所崇,传祚袭封,抑存典制。文宣王四十四代孙、司农寺丞宜服勤素业,砥砺廉隅,亟历官联,洽闻政绩,圣人之后,世德不衰,俾登朝伦,以光儒胄。可太子右赞善大夫,袭封文宣公,复其家。

孔宜被擢升为太子右赞善大夫,同时也恢复了孔氏世袭封号,孔宜袭封文宣公。太子右赞善大夫这个职务虽无实权,但担任者却为皇帝信任的人。因为太子是皇帝的接班人,未来的最高统治者,非亲信之人,不可能给予这一特殊职位。

没多久,孔宜擢升为密州通判(辅佐知州或知府处理政务,一地兵民、钱谷、户口、赋役、狱讼等州、府公事,须通判连署方能生效,并有监察官吏之权)。太平兴国八年(983年),朝廷又诏孔宜一项特殊使命:修复曲阜孔庙。这项任命显示着朝迁对孔子家族的尊重与敬仰,也是对孔宜的信任。孔宜仅能以上贡土特产表示谢恩。

雍熙三年(986年),宋太宗赵光义为了统一大业,发兵三十万,进行第二次伐辽之战。宋军分三路北上,东路统帅曹彬、米信率军进攻岐沟关,与辽军在岐沟关和拒马河之间进行残酷的拉锯战,终因粮道被辽军切断而败,宋军被迫南撤,兵士在夜渡拒马河时溺死无数,万名运粮漕夫被俘。孔宜此时为殿中丞,负责军粮和军饷等后勤保障,他不幸在过拒马河时溺水而亡,年仅46岁。

星子从五代十国时设立星子镇,到设县、立府,仅仅几十年光景,星子就从最基层的政权机构,一跃而成了备受天下注目的一个府级行政机构,并延续了近千年,孔宜功不可没。

星子设南康军后,鄱阳湖的东、西、南、北分别有了饶州、南康、洪都、江州四个府级以上行政区划。作为拥有中国古代南北交通大动脉鄱阳湖的江西,开始了她经济与文化最灿烂的岁

落星墩

月,宋、明两代也因之成为江西历史上最骄人的黄金时代。

星子县与南康军(元改为路,明、清为府)的设立,使星子渐趋成为鄱阳湖西部的政治、经济、文化中心,一直到1914年南康府撤销,延续近千年。在漫长的岁月里,星子先人和多如过江之鲫的名流显宦或在南康为宦,或湖山漫游,给星子留下了丰厚的历史文化。

程师孟

姓　名	程师孟	字　号	公辟、正议
生卒年	1015—1092	出生地	江苏吴县
朝　代	北宋	职　官	南康知军

　　庐山温泉景区有一家陶渊明文化主题酒店，里面有一处省级重点文物保护单位——"醉石石刻群"。一方天然巨石横卧溪中，长约5米，宽4米，厚3米。四周松云隐隐，林泉沥沥。东晋陶渊明饮酒常常是"造饮辄尽，期在必醉"。《南史》记载："渊明辄卧石上，其石至今有耳迹及吐酒痕焉。"因此，后人便称这方大石为"醉石"。上面至今仍可见欧阳周华、李升华、吴亮、颜真卿、陈舜俞、龙仁夫、朱晦翁等历代名人的题刻。其中有一首《醉

程师孟

石》诗：

万仞峰前一水傍，晨光翠色助清凉。

谁知片石多情甚，曾送渊明入醉乡。

作者为北宋南康知军程师孟，列入中国二十四史《宋史·循吏》一百二十六卷。同治《南康府志·名宦》十三卷有载："程师孟，庆历六年（1046 年），知南康军事。"

程师孟，字公辟，号正议，立信三子，吴县（今江苏苏州）人。自幼聪慧过人，五六岁便会作诗。景祐元年（1034 年），考中进士甲科，初任钱塘（今杭州）县令。后历任桂州（今桂林）通判、南康（今庐山）知军、楚州（今淮安）知州、提点夔州路（今奉节）刑狱，又转提点河东路刑狱。

醉石温泉

归事亭

程师孟由桂州通判擢升为知南康军事，走马上任于庆历新政之后这个特殊的历史阶段。庆历新政为宋代仁宗庆历年间进行的一次改革，始于庆历三年（1043 年），历时一年四个月，而后各项改革被废止，新政彻底失败。可见程师孟在桂州通判任上肯定有很好的政绩，因此得到了当时朝廷的提拔重用。

程师孟在南康军任上有多长时间，又做出了哪些政绩呢，目前虽然没有发现详细的史料，但同治《南康府志》中有精简的评价:"为政简严,罪非死者不以属吏,发隐摘伏如神。祀三贤祠。"这就是说,程师孟在南康任上,治理政务简明严肃,处理不够死罪的犯人都不通过属下狱吏,揭露隐秘的坏人坏事有如神明。因此被后人祭祀于三贤祠。

程师孟任提点夔州路刑狱时,恰逢灾年歉收,赈济灾民的仓粮不够,他立即开放其他储粮,而不先向上面报告。主管官吏很害怕,说千万不可如此。程师孟说:"假如一定要等到上报批准后再来开放,饥民们早就死光了!"最终还是开仓放粮,把储粮分发下去了。夔州路没有常平仓储粮,程师孟奏请设置了常平仓。

云南泸水一带戎人经常进犯渝州(今重庆)边地,而使者治所在万州(今渝东北部),与渝州相距甚远。每当边境有警报,往往要过一整天才能传到。因此,程师孟又奏请把治所移到了渝州。

程师孟移任提点河东路刑狱时,山西地区有很多土山,旁边连着山谷中的河流。春夏之际,天下大雨,水流就像黄河一样混浊,俗称"天河"。程师孟动员当地百姓出钱出力,开渠筑堤,利用河流淤泥,改造良田 18000 顷。他把这些做法整理出来,编辑了一本《水利图经》,颁发到各州县,推而广之。

嘉祐元年(1056 年)至八年(1063 年),程师孟出任度支判官、洪州知州。洪州经常有水灾,程师孟到任后,聚积石块,修筑江堤,疏通章沟,揭开北闸,用来控制水位的升降,此后洪州水患遂免。

治平元年(1064 年),程师孟入京担任判三司磨勘司,管理河北四榷场事务。有一次,契丹使节肖惟辅挑衅说:"白沟地区应由两国共管,现在宋朝在那里种植了几里长的柳树,却认为契丹人在界河里捕鱼有罪,哪有这样的道理?"程师孟反驳说:"两国都应当信守誓约,涿郡有档案可供审查,您置双方誓书于不顾,空口乱说,难道是想滋生事端吗?"肖惟辅听后感到惭愧,并表示道歉。

程师孟曾受命前去涿州,祝贺契丹皇帝生日。契丹设宴排位时,让迎客人向南而坐,涿州官吏向西而坐,宋使向东而坐。程师孟不肯入座,说:"这是藐视我大宋王朝。"从中午一直争执到傍晚,随从惊恐失色。最终还是接受了程师孟的意见,改为与迎客人东西相向而坐。第二天,涿州人在郊野为程师孟饯行,他疾驰而过,头也不回。

治平三年(1066年),程师孟出任江西转运使。袁州发生盗患,因本州小吏充当盗贼耳目,好久未能抓获。程师孟捉拿几个小吏审讯送狱后,盗贼即被擒获。

熙宁元年(1068年)九月,加直昭文馆,程师孟出任福州知州,修筑内城,兴建学校。熙宁三年(1070年)六月,移任广州。州城被贼寇毁坏,一旦有警报,老百姓便闻风而逃。程师孟在广州六年,建造了西城,守备坚固,贼寇再也不敢进城。

熙宁九年(1076年),程师孟又入京,先后任给事中、集贤殿修撰、都水监。翌年五月,任越州太守,升京东安抚使、正义大夫。

元丰三年(1080年),出治青州。翌年以光禄大夫告老返回吴县。元祐七年(1092年)去世,终年78岁。

醉石

　　北宋著名书法家米芾评价说:"程师孟以文学登科,以政绩升迁,以言语折服敌人,以恬退告老。"这是一个恰如其分的极好的评价。

祖无择

姓　名	祖无择	字　号	择之
生卒年	1011—1085	出生地	河南上蔡
朝　代	北宋	职　官	南康知军

　　星子县设立于太平兴国三年，第一任知县为孔宜。孔宜在知县任上回京师复命，宋太宗召见孔宜时，阅所献数十篇文赋，并问及其家世后，拟封孔宜为"文宣公"。

祖无择

　　可是，当时在集贤院听差当值的祖无择却提出了不同的意见，"前代己封孔子为宗圣、奉圣、崇圣、褒圣，唐开元年间又尊孔子为文宣王，今再把其祖宗的谥号加封其后代，不合礼制。"于是朝廷让左右近臣商议此事，最后改封孔宜为"衍圣公"。

祖无择，字择之，蔡州上蔡（今属河南）人。其先祖为河北范阳人，后举家迁居于河南上蔡。祖无择出身于官宦之家，自幼聪明好学，少年时从师于经术大师孙明复学习经术，后又从师于北宋散文家穆修学习文章。宝元元年（1038年），28岁的祖无择参加科举考试，以进士第三及第，高中"探花"，被朝廷授予承奉郎，正式步入仕途。后历任大理评事、齐州通判、史馆修撰、知南康军、知海州、秘书丞、提点广南东路、荆湖北路刑狱、太常博士、直集贤院、袁州知州等职。

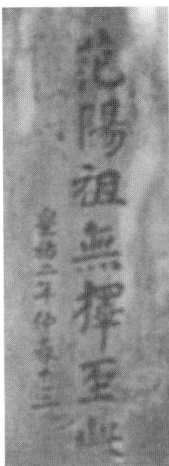

祖无择手迹

庆历年间（1041—1048年），祖无择出任袁州知府，当时诏令天下建立学校，但空有其文，并没有落实。祖无择到任袁州后，首先建立学府，广招学员，从此学风开始兴盛。

至和元年（1054年），44岁的祖无择出任判户部勾院，加太常博士，出使契丹。后升迁为同修起居注、知制诰、知陕府、湖北转运使、中书舍人、判太府寺、右谏议大夫、龙图阁直学士、左谏议大夫、权知开封府、郑州知州、杭州知州。

嘉祐六年（1061年），祖无择与王安石同任知制诰，负责天下奏章，还为官员起草诰命。知制诰起草官员的任命书，在当时是允许收润笔费的。有一次，有人给王安石润笔费，王安石推辞不要，可又推辞不过，最后就挂在办公室梁上。不久，王安石回家奔丧，祖无择却取下作为公费开支了。王安石听说后非常不高兴，从此对祖无择心存芥蒂。

熙宁二年（1069 年），王安石为翰林学士，拜参知政事，权倾天下。恰在此时，明州知州苗振因贪污事发，御史王子韶出使视察两浙，查访有关苗振的情况，牵连到祖无择。王子韶为巴结王安石，就请求派内侍把祖无择从京师押解到偏远的秀州狱中。苏颂进言说，祖无择身居侍从官员之列，不应当与以前的属吏对质论是非。御史张戬也极力营救，朝廷都不听。

后经查实，祖无择贪赃枉法是子虚乌有。祖无择只不过是贷官钱接济部民、超标准乘船以及将公家的三百小瓶酒送给宾客等违纪行为。因此，王安石将祖无择贬为忠正军节度副使，不签书本州公事了事。不久，又恢复其光禄卿、秘书监、集贤院学士等职。元丰六年（1083 年），祖无择辞请朝廷分司西京御史台。后又移知信阳军，不久便卒于任上，享年74 岁。

祖无择凭其谈论政事之才而成著名公卿，却因小节不拘而终累大德，士人都为之感到惋惜。祖无择在南康军，勤政爱民，深得当地百姓爱戴。他离开南康军后，当地百姓在栖贤寺建"爱堂"纪念之。

据史料记载，祖无择为人义气，笃于师友。他少年时的老师孙明复和穆修去世后，祖无择广泛收集两位老师生前撰写的文章，汇编成册，自己出钱为之刊印，使这二位的文章得以流传于世。他在出任海州和袁州知州时，在当地修建学馆，招收生徒，较好地促进了当地的文化教育发展，被记录于当地的《海州州志》和《袁州州志》里，一直流传至今。

祖无择是北宋著名文人，才华横溢，著作颇丰，有《龙学文集》，深得世人厚爱。其文风峭厉劲折，亦工于诗，在庐山留下了很多精彩诗词。

《龙学文集》

》》》》》》附录

祖无择庐山诗词四首

庐山瀑布

绝巘千寻势，飞泉万叠痕。

寒光涵玉岫，灵派析璇源。

峭壁河流立，苍崖井浪翻。

猿悲经树急，龙骇落潭浑。

气爽诸峰秀，声和众籁喧。

功成身退日，期此灌中园。

游栖贤寺

偷得沉迷簿领身，暂来林下访幽人。

云泉满眼慵归去,便拟抛官学隐沦。

招二三僚友游庐阜

雨馀庐阜连天碧,公退铃斋尽日闲。

为报二三佳客道,速须蜡屐共登山。

简寂观

顺风曾出帝王尊,身后高名与观存。

石室深居广成子,布囊薄葬杨王孙。

流尘幂幂凝丹灶,清吹徐徐触绛旛。

牢落空山门昼掩,羽人亦说绝嚣烦。

周敦颐

姓　名	周敦颐	字　号	茂叔、敦实
生卒年	1017—1073	出生地	道州营道
朝　代	北宋	职　官	南康知军

　　爱莲池是星子县城的一处著名的人文景点,位于南康古城区周瑜点将台东侧。这是北宋南康知军周敦颐亲手开辟的莲池,并写下了千古名文《爱莲说》。

　　周敦颐,又名元皓,原名敦实,因避讳宋英宗名字而改名敦颐,字茂叔,世称濂溪先生。天禧元年(1017年)五月五日出生于道州营道县营乐里楼田保(今湖南永州市道县楼田村)。其父周辅成,47岁中"特奏名"进士,升任桂岭县令,一年有余,便辞职归隐故里。

周敦颐

周敦颐自小聪明好学,勤于思考。天禧五年(1021 年)重阳节,他父亲和兄弟们在一起聊天,看着村前五个土墩子,想取个什么名字,可是讨论了很久,也没有想出合适的。5 岁的周敦颐也在旁边玩耍,听着大人们的议论,不由得脱口而出,说五个土墩子就像金、木、水、火、土五颗星,就叫作"五星堆"吧。大人们一听,都觉得他讲得有道理,于是就将这五个土墩子取名为"五星堆"。

天圣九年(1031 年),周敦颐 15 岁时,他父亲因病去世。他母亲为了儿子的前途,决定投靠她哥哥郑向。因此,他随母亲从楼田堡来到汴京。周敦颐聪慧仁孝,悟性超众。舅舅郑向甚为喜爱,视甥如子,按郑家"敦"字辈取名入籍,并亲自授课督学。景祐三年(1036 年),周敦颐 20 岁时,郑向得到按例封荫子侄的机会,便为他谋到了一个试将作监主簿的职位。

景祐四年(1037 年),他母亲、舅舅相继去世,周敦颐按照母亲的遗嘱,把她安葬在润州,与舅舅郑向为伴。之后,周敦颐便在润州鹤林寺守丧三年。

康定元年(1040 年),周敦颐守丧期满,回吏部报到后,被调任洪州分宁县(今江西修水县)主簿。当时分宁县有一件疑案,拖了八年之久,一直无法判决。周敦颐到任后,只审讯了一次,就把案情弄清楚了。县衙门里的人都很惊讶:"老狱吏也比不上啊!"

庆历四年(1044 年),经吏部使者推荐,周敦颐提任南安军(治所在今大余县)司理参军。他在公务之余,兴教讲学,收程颢、程颐两兄弟为徒。庆历六年(1046 年)冬,他出任郴县(今郴州市苏仙区)县令,首建县学。皇祐二年(1050年),改任郴州桂阳(今郴州市汝城县)县令,因政绩突出,授予大理寺丞。

至和元年(1054年),知洪州南昌县(今江西南昌)。当地人高兴地说:"他就是当年在分宁做主簿辨明那件疑案的人,我们有机会申诉了。"周敦颐在南昌县治政期间,与大儒潘兴嗣、任大中结为莫逆之交,一时传为佳话。其中,任大中是星子县人,中过进士,因愤世嫉俗,也不愿做官,隐居在家。

嘉祐元年(1056年),改太子中舍,签署合州(今重庆合川)判官。一年后生下长子周寿。不幸的是,儿子不到一岁,妻子陆氏便病故了。三年过后,周敦颐再娶蒲氏为妻,生下次子周焘。嘉祐五年(1060年)六月,周敦颐从合州解职回京,正好遇上回京述职的王安石。

嘉祐六年(1061年),周敦颐迁国子监博士,通判虔州,而赵抃任虔州知州。赵抃曾被一些毁谤的话所迷惑,对周敦颐有一些不好的看法,通过仔细观察后,发现周敦颐真是个人才,握着他的手说:"我差点失去你这样的人才,从今以后算是了解你了。"

治平元年(1064年),周敦颐移任永州通判。熙宁元年(1068年),转虞部郎中,由于赵抃和吕公著的推荐,擢提点广南西路刑狱。熙宁三年(1070年),又提升广南东路提点刑狱,为正三品。他跋山涉水,备尝艰辛,足迹遍及广东十四州。

熙宁四年(1071年)八月,周敦颐因病请求改任南康军的知军。南康府也因此有幸迎来了历史上第一位宋代理学大师。周敦颐来到南康军,前后不过五个月时间,却给我们留下了厚重的文化遗产。

　　首先是周敦颐在南康军星子县写下了千古名文《爱莲说》。在衙署东侧开凿一口池塘,引水种莲,取名"爱莲池",并把自己的住处取名为"爱莲堂",这是周敦颐到南康军后主持的第一件大事。沧海桑田,物换星移。九百多年来,周敦颐亲手开辟的爱莲池,经风历雨,屡遭兵燹,数度废兴。

愛蓮堂

何绍基题

　　据史志记载,淳熙六年(1179 年),即周敦颐逝世 106 年后,理学集大成者朱熹知南康军,真是历史的机缘巧合。朱熹怀着对先师周敦颐的崇拜之情,遍访周敦颐在南康府的遗迹,重新修复爱莲池,并立了一块石碑,正面按照周敦颐的手稿刻上《爱莲说》,手稿是周敦颐的曾孙周直卿保存下来的。朱熹还在石碑背面作了一篇记,为爱莲堂题写了"爱莲"匾额。

　　新中国成立后,星子县政府拨专款修葺莲池,加固四壁,改造池底。池呈正方形,深约 3 米,占地 1700 平方米。池中央有两层观莲阁,青石桥连通南北两岸。环池种植了柳树,恢复了裙墙、亭阁,修建了石刻壁画、诗词碑廊等。爱莲池作为县级重点文物保护单位,被列为南康古城的重要文化景观。

　　第二件大事,周敦颐把其母郑氏的坟墓迁到了庐山。他母亲郑氏,衡州(今衡阳)人,祖籍开封,生于太平兴国七年(982

年）。大中祥符二年（1009 年），他母亲与周辅成结婚,生下二子一女。其母亲郑氏逝世后,原葬于江苏润州丹徒县郑向墓侧。周敦颐确定终老于庐山脚下后,便把他母亲郑氏的遗骸迁到了江州德化县庐山北麓,并请好友潘兴嗣为他母亲撰墓志铭。潘兴嗣遵照周敦颐所嘱,在墓志铭中写道:"吾后世子孙遂为九江濂溪人,得岁时奉夫人之祭祀,亦无憾矣。"从此周敦颐后人以九江为家,繁衍生息,朝廷亦在九江敕建祠庙置祭。

第三件大事,周敦颐创办了濂溪书堂。周敦颐一生大都在江西一带居官,故与闻名天下的庐山结下了不解之缘。嘉祐六年（1061 年）,他迁官国子监博士,出任虔州（今赣州）通判,上任途经江州,第一次到庐山,尽管匆匆一过,但匡庐胜景令他一见钟情。治平二年（1065 年）,他从虔州调任南昌知军,再次登庐山,从容纵览,遍游山上山下,忍不住诗兴大发,在山顶他吟道:"天风拂襟袂,缥缈觉身轻。"尤其令他高兴的是,他在山北莲花峰下发现了一条美丽的小溪。溪水从山洞流出,蜿蜒曲折,碧澄清澈,与故乡营道的一条溪水竟非常相似。因此,他便购地筑堂,准备在此终老,并将此溪命名为"濂溪"。后来,人们便称他为"濂溪先生"。

周敦颐在任广南东路提点刑狱时,向朝廷请求调往南康军任职。熙宁四年（1071 年）八月到任。第二年,体弱多病的周敦颐未等任满,便辞官隐居到山北莲花峰下休养,将自己的山居取名为"濂溪书堂"。在这里,他一边授徒讲学,一边笔耕不倦,写下了《太极图说》《易通》等著作。

周敦颐虽然隐居山北濂溪书堂,却常来山南归宗寺。据

《居士分灯录》说周敦颐是了元法嗣。当时佛印了元寓鸾溪，周敦颐前往谒见，相与参禅讲道，并遂结青松社，以媲白莲故事，请了元作社主。将归宗寺东侧的小溪命名为"鸾溪"，在溪上造鸾溪桥。一时江右名士、名僧大儒，云集鸾溪，引禅说儒，盛况空前。

可惜天不假年，周敦颐在濂溪书堂仅住一年多。熙宁六年（1073年）农历六月初七，周敦颐不幸病逝，终年57岁。死后葬在母亲郑氏夫人墓旁，还有他妻子陆氏、继配蒲氏的墓葬。周敦颐终于实现了自己的心愿：最终长眠于庐山，有濂溪清水相伴。

周敦颐去世以后，近千年来濂溪书院累经兴废，院址几度迁移。现莲花洞旧址处尚存有厢房数间。人们为了纪念周敦颐，将濂溪书堂改为濂溪书院，将所在的行政区域名称改为"濂溪区"，将旧址后面的青山称为书院山，前面的溪水称为濂溪港。港上有石桥一座，"濂溪桥"三个字依稀可见。

周敦颐所开创的宋明理学，经过他的学生程颢、程颐继承和完善，逐步形成一套较为完整的古代哲学思想体系。后来，又经过朱熹的继承和发扬，成为封建时代官方的正统哲学思想，对中国社会的发展产生了重大的影响。

濂溪先生的人品也为后世所称道。宋代著名文学家黄庭坚说："茂叔人品甚高，胸中洒落，如光风霁月。"朱熹更称赞他说："不卑小官，职思其忧。""短于取名，而乐于求志；薄于邀福，而厚于得民；菲于奉身，而尚友千古；闻茂叔之风犹足律贪。"先生为人可见一斑。他为人的光风霁月，为官的刚正清廉,值得我们今人特别是为官者学习和借鉴。

>>>>>>> 附录

爱莲说

周敦颐

水陆草木之花,可爱者甚蕃。晋陶渊明独爱菊;自李唐以来,世人甚爱牡丹;予独爱莲之出淤泥而不染,濯清涟而不妖,中通外直,不蔓不枝,香远益清,亭亭净植,可远观而不可亵玩焉。

予谓菊,花之隐逸者也;牡丹,花之富贵者也;莲,花之君子者也。噫,菊之爱,陶后鲜有闻;莲之爱,同予者何人?牡丹之爱,宜乎众矣。

陈舜俞

姓　名	陈舜俞	字　号	令举、白牛居士
生卒年	1026—1076	出生地	湖州乌程
朝　代	北宋	职　官	监南康军酒税

　　庐山作为一座文化名山，其较为完整的系列山志，构成了庐山文化最根本的基础，在中国名山中是绝无仅有的。其中，宋代陈舜俞撰写的《庐山记》可称为山志的奠基之作，其体例之明、考据之精、内容之实，后来者少有过之。

　　陈舜俞，字令举，号白牛居士。天圣四年（1026 年）出生于浙江湖州乌程（今吴兴），后随父移居秀州白牛村（今枫泾西南张汇境大云

陈舜俞

北）。

陈舜俞自幼家贫，家里只有一间庭院。但他天资聪慧，勤奋好学。他父亲典当衣服，为其买书，从而更加激发了他读书的热情。

庆历六年（1046年），陈舜俞进京考中乙科进士，曾任明州观察推官、天台从事等职位。他在浙江为官仅一年时间，为老百姓办了不少好事，经常把家里的钱用于接济穷苦百姓。因父亲病故，他只好带着父亲的棺材回到家里，把父亲安葬好了，又在枫泾闭门读书。嘉祐四年（1059年），陈舜俞考取制科第一，授光禄丞、秘书省著作佐郎、签书寿州判官等职，可是不久又辞官归隐枫泾白牛村。

熙宁三年（1070年）复出，任屯田员外郎。北宋的屯田员外郎承于唐代，其职是掌管天下屯田之政令。但久已有名无实，各地军事区域进行屯田时，皆由各地长官主持。宋在工部下也设屯田司，置屯田员外郎一职，掌屯田、营田、职田、学田、官庄之政令及其租入种刈，兴修给纳诸事。

当时王安石为宰相，主持变革，推行"青苗法"。可陈舜俞竟上书反对，认为此举"有逆朝廷，非王道之举"。故受到朝廷大部分人反对，被贬谪为监南康军酒税。监酒税官是宋代特有的管理造酒卖酒的监税官。在党争激烈的时期，执政者常以"贬为监当官"作为对付政敌的手段。因此，宋代监税官里名人辈出，如包拯曾任和州监税、周敦颐曾任萍乡芦溪镇监税、苏辙曾任筠州盐酒税、刘恕也曾任南康军酒税。所以，陈舜俞心中大为不快，无心做官。任职期间，经常与太傅刘涣一起游玩庐山。刘涣是一位居住在庐山几十年的隐士,不但陪同陈舜俞在庐山采风,收集各种史料,并且把自己用心血写成的《庐山记略》20卷全部奉送给陈舜俞。当陈舜俞定稿增为《庐山记》五大卷后,刘涣还欣然为其写序。

《庐山记》是一部记述庐山地理环境、名胜古迹和古人题诗题词的著作,对南唐政治与制度、宗教与文化、社会史的功用不可估量,还被收入《永乐大典》《四库全书》。

《四库全书总目提要》对其纂《庐山志》情况有详细的介绍和评价:

> 舜俞谪官时,与致仕刘涣游览庐山,尝以六十日之力,尽南北山水之胜。每恨慧远周景式辈作山记疏略,而涣旧尝杂录闻见,未暇诠次。舜俞因采其说,参以记载者旧所传,昼则山行,夜则发书考证。泓泉块石,具载不遗。折衷是非,必可传而后已。又作俯仰之图,寻山先后之次以冠之。人服其勤。自记云:余始游庐山,问山中塔庙兴废,及水石之名,无能为予言者。虽言之,往往袭谬失实。因取九江图经,前人杂录,稽之本史,或亲至其处考验铭志,参订耆老,作《庐山记》。其湮泅芜没,不可复知者,则阙疑焉。凡唐以前碑记,因其有岁月甲子爵里之详,故并录之,庶或有补史氏云云。

当时馆臣们认为:“然北宋地志,传世者稀。此书考据精赅尤非后来庐山纪胜诸书所及。虽经残阙,犹可宝贵。故将录而存之。”从现在所知的陈记各种版本及流传来看,此书也是空前之著。

熙宁五年(1072年),他再次弃官隐居枫泾老家,终日邀友吟诗,跨犊往来于白牛塘上,故称"白牛居士"。

熙宁七年(1074年),王安石罢相,朝廷又招他入朝,并为他修建庭院,专门建造了一座后花园。可好景不长,仅一年之后,王安石再次做宰相,陈舜俞又再次罢官,回来后立书发誓,绝意仕进,永不做官,隐居于白牛村著书立说,过着普通老百姓的生活,并撰写了大量的诗文,如《都官集》《应制策论》《庐山记》等。为枫泾海慧寺撰写了《海慧院藏经记》、松江《超果天台教院记》及青浦《布金院经藏记》等。

陈三立题签陈舜俞
《庐山记》

熙宁九年(1076年),陈舜俞逝于白牛村家中。陈舜俞一生因几度弃官隐居于白牛村,后人仰其高风亮节,将白牛村称为"清风泾",后简称"风泾",枫泾镇名即由此而来,镇西还有为他修建的一座清风桥及清风阁茶楼。

陈舜俞有经世之志,自比贾谊,与欧阳修、苏东坡、司马光等交往甚密。诗多作于谪后,气格疏放,直抒胸臆。文则论时政者居多。陈舜俞故世后,司马光为其赋诗吊唁:

> 海隅方万里,豪俊几何人。
>
> 百沐求才尽,三薰得士新。
>
> 声华四方耸,器业一朝伸。
>
> 他日苍生望,非彼泽寿春。

　　如果不是挚友,也写不出如此情真意切的吊唁诗。苏东坡哭祭其殡,称颂他"学术才能兼百人之器"。王安石与陈舜俞虽然道不同,但对陈舜俞也仰慕不已,曾将陈舜俞比作汉武帝时丞相公孙弘。在陈舜俞的友人之中,不但有文学界和政界的,还有许多道教和佛教界的人士。

刘　恕

姓　名	刘恕	字　号	道原
生卒年	1032—1078	出生地	江西筠州
朝　代	北宋	职　官	监南康军酒税

　　星子县文物所藏有刘涣墓志
铭及其妻钱氏夫人墓志铭。刘涣
乃北宋名士,因酷爱庐山之胜,择
居南康军治东涧,殁葬城西少府
岭。北宋文坛领袖欧阳修途经南
康军,特意登门拜访同年老友刘
涣,并写下名篇《庐山高赠同年刘
中允归南康》。二碑均载,刘涣生
二子二女。长子刘恕,乃佐司马光
修《资治通鉴》之主笔;次子刘恪,

刘恕

乡贡进士,"皆以文学显于世"。

刘恕,字道原,筠州(今江西高安)人。从小就十分聪慧,读书过目成诵。八岁时,家有客人说孔子没兄弟,他立刻举《论语》"以其兄之子妻之"以对,一座皆惊,可见他幼时即已熟读经书。13岁时,他想应制科考试,一次他去拜谒宰相晏殊,向他请教,反复诘难,连这位著名的词人也被问住了。

皇祐元年(1049年),18岁的刘恕登进士第。当时皇帝有诏,能讲经义的考生另外奏名,应诏的只几十名。主考官赵周翰向刘恕提了二十几个关于《春秋》和《礼记》的问题,他对答如流,先谈注疏,再列举先儒们各种不同的看法,最后发表自己的见解。主考官大为惊异,遂擢他为第一,他的其他文章也被列为高等,但廷试却没有考中,便再让他到国子监试讲经书,又列为第一,一时名动京师。

治平三年(1066年)四月,司马光始修《资治通鉴》,英宗命他自选馆阁英才当助手。司马光就推荐了比自己小13岁的晚辈刘恕,刘恕首先入选,迁为著作佐郎,专在史局修书。司马光曾对英宗说:"馆阁文学之士诚多,至于专精史学,臣得而知者,惟刘恕耳。"在编修过程中,刘恕也最受倚重,凡遇到纷杂难治的史实,多由刘恕处理。

熙宁三年(1070年)冬,司马光连上五封札子,自请离京,后以端明殿学士知永兴军(现陕西省西安市)。次年四月,司马光又请求任职西京留司御史台,一直退居洛阳,仍以书局自随,继续编撰《资治通鉴》。王安石与刘恕有老交情,想引荐他到三司条例司任职。刘恕却以不熟悉钱粮为借口推辞,并趁机对王安石说:"天子正托付您主持大政,应该张扬尧舜之道来辅佐明主,不应把利益放在前面。"刘恕当面指责他的过失,王安石大怒,脸色变得如铁,刘恕却丝毫没有屈从。刘恕也因此得罪了王安石,自度京师难留,便请求到南康监酒税,归养自己的父母。

熙宁九年(1076 年),告归南康的刘恕遥隶局中,为了与司马光面商修书事宜,不远千里风尘仆仆地前往洛阳。在南归途中,刘恕不幸遭母丧,悲痛欲绝,兼之一路风寒,不久就得了风挛疾,右手足偏瘫。可病魔并不能夺去他著作史书的坚强意志。虽卧病在床,他仍然"苦学如故,少闲,辄修书,病亟乃止"。

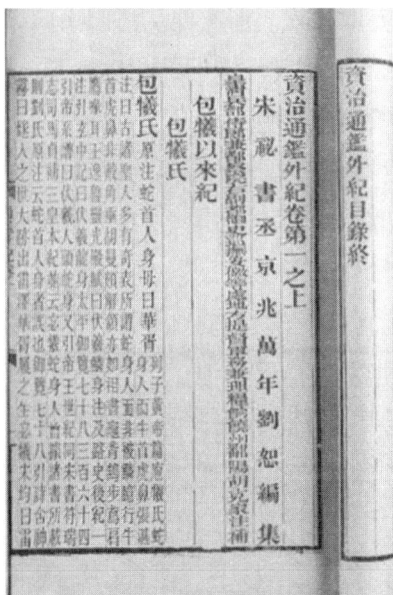

《通鉴外纪》

熙宁末年（1077年），刘恕改任秘书丞，赐五品服色，诏他在家修书。元丰元年（1078年）九月，刘恕以风挛疾病逝，享年47岁。其父刘涣将他葬于星子城西少府岭。刘恕除负责所编的《资治通鉴》长编未完稿外，原计划撰写的《通鉴后记》也没完成，便赍志而殁了。对于他的死，司马光感到非常痛惜，在为刘恕《通鉴外纪》定的序中，他叹道："嗟乎！以道原之耿介，其不容于人、龃龉以没固宜，天何为复病而夭之耶？此益使痛惋悒怳而不能忘者也。"

刘恕为人廉洁刚直，颇有其父遗风。他曾当过巨鹿主簿和和川县令，史书说他"严簿书，束胥吏，抚鳏寡，绳豪猾，纤细曲直，可为后世法"。因此，一时能吏都自以为不如。他家虽然贫困，却一毫也不妄取于人。那次他从洛阳南归，时令已届初冬，司马光送给他几套衣袜和一床旧的豹皮褥子。他再三辞谢，但司马光执意要送，他只好勉强收下。可他下次到颍州时，便将司马光所赠全数奉还。司马光是他的最知己者，送点衣物都不肯接受，可见其廉洁之甚了。

刘恕博览群书，深明史法。当时史书非科举所急，学者多不读。独刘恕能笃好史学，并对上下几千年间的史事，不论巨细，了如指掌。张耒这样评价他："其学自书契以来，于今国家治乱、君臣世系，广至于郡国山河之名物，详至于岁月日时之先后，问焉必知，考焉必信，疑焉必决。其言滔滔汩汩，如道其里闾室堂事。"

刘恕还非常喜欢藏书抄书。他自己虽藏书不少，"百楹书万卷"，但犹嫌不足，往往求书不远数百里，亲自去抄读。亳州

（今安徽亳县）知州宋次道家有不少藏书，刘恕便亲自绕道到亳州借阅。宋次道设馔款待，以尽主人之谊，他却辞谢说："此非吾所为而来也，殊废吾事。"于是把自己关在藏书阁里，"昼夜口诵手抄，留旬日，尽其书而去，目为之翳"。平时在家读书也总是废寝忘食。"家人呼之食，到羹冷而不顾；夜则卧思古今，或不寐达旦。"到病情恶化的时候，还在借别人的书来参校自己所著之书的是非得失。

《资治通鉴》

郭祥正

姓　名	郭祥正	字　号	功父、谢公山人、漳南浪士
生卒年	1035—1113	出生地	太平州当涂
朝　代	北宋	职　官	星子县主簿

　　郭祥正,字功父,一作功甫,又名
谢公山人、醉吟先生、净空居士、漳南
浪士,太平州当涂(今属安徽)人。
景祐二年(1035 年)出生于官宦之
家,其父曾任淮南提刑、度支郎中等
职。史传其母梦李白而生,少年即倜
傥不羁,诗文有飘逸之气。

郭祥正塑像

　　皇祐五年(1053 年),郭祥正至
京师应礼部试,考中进士,授秘书阁校理,任南康军星子县主
簿。当时比部郎中孙琛在白鹿洞故址建书堂,他为之作《白鹿

洞书堂记》。后因性格与上司不合,至和元年(1054年)弃官归寓宣城(今安徽)昭亭。

嘉祐四年(1059年),转任江州德化(今江西九江)尉,八年任满,适逢母卒,归家守丧,后一直闲居在家。治平二年(1065年),他闻郑毅夫知荆州,即以诗赠之。郑毅夫阅后,十分惊叹,在诗中称他为"谪仙人"。《寄郭祥正》诗曰:

天门翠色未绕云,姑孰波光欲夺春。

怪得溪山不寂寞,江南又有谪仙人。

熙宁五年(1072年),郭祥正知邵州武冈县(今湖南武冈)。六年(1073年)四月,为太子中舍,以军功迁升殿中丞。八年(1075年),复为桐城县令。十年(1077年),又自桐城令徙为庐州签书保信军节度判官。当时王安石主持朝政,郭祥正每上疏神宗,陈述天下大事,"唯安石一人是听","凡议论有甚异于安石者,虽大吏亦当屏黜。"神宗甚异之,将奏疏转给王安石,称其"有才可用"。王安石认为郭祥正"为人纵横捭阖而薄行",极口称其不可。郭祥正得知朝中有人嫉恨,自觉实难做人,心灰意冷,遂辞去殿中丞官职。十一年(1078年),郭祥正回家屏居姑孰青山,一吟一酌,婆娑溪上,自号"醉吟先生"。就在这年,王安石也被罢官,以使相衔判江宁府。

元丰四年(1081年),郭祥正起任汀州(今福建长汀)通判,常外出游览,饮酒赋诗,自号"漳南浪士"。五年(1082年),郭祥正代理漳州(今福建)知州,以顶撞吏部使者,被召回京,在途中遭诬下狱。直到五年后哲宗即位,才得以申冤平反。

元祐二年(1087年),郭祥正复起为转承议郎,三年(1088

年)起为端州(今广东高要)知州,在任上有惠政。四年(1089年),阶至朝请大夫,以耄耋之年请归故里。初居当涂城关东街西二条巷寿俊坊,后隐青山东麓,宅号"醉吟庵",俗称"郭子坑"。政和三年(1113年)病故,终年79岁。

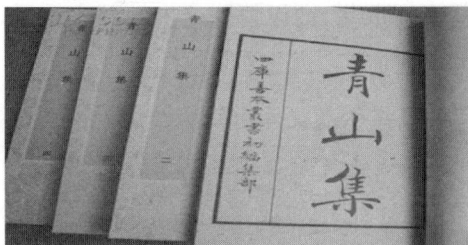

《青山集》扉页(资料图)

郭祥正一生写诗1400余首,著有《青山集》三十卷。他是北宋仁宗皇祐至神宗熙宁年间我国诗坛上出现的一颗新星,赢得了梅尧臣、王安石、袁世弼、章望之、章衡等著名诗人的赞扬。他的诗纵横奔放,诗风酷似李白。他对李白极其推崇,读李白的诗,追拟李白诗作题材、样式、风格,其为人处世也学李白"谪仙"遗风,倜傥不羁,蔑视仕官功名,喜欢登临山水,浪迹

《青山集》页面

名胜,广交贤俊,诗酒唱和,与当时的名流如梅尧臣、欧阳修、曾巩、王安石、苏轼、苏辙、黄庭坚、吴仲复、吴敦复、李之仪、孔文仲、孔武仲、孔平仲、贺铸、钱藻、傅尧俞、李常、刘挚等皆有交往。郭祥正赴汴京参加会试那年,曾去拜访正任国子监直讲的梅尧臣,将自己的诗作呈梅尧臣审阅,梅尧臣阅后惊叹道:"天

才如此，真太白后生也！"并作《采石月赠郭功甫》诗：

采石月下闻谪仙，夜披锦袍坐钓船。

醉中爱月江底悬，以手弄月身翻然。

不应暴落饥蛟涎，便当骑鱼上九天。

青山有冢人谩传，却来人间知几年。

在昔熟识汾阳王，纳官赎死义难忘。

今观郭裔奇俊郎，眉目真似攻文章。

死生往复犹康庄，树穴探环知姓羊。

　　王安石落职闲居钟山后，邀请郭祥正前往南京，与其"卧看山""伴我闲"，把他的诗悬挂在自家屏风上。苏轼被谪贬惠州及回惠州放归，他两次给苏轼寄诗。苏轼亦有和诗寄给他，还在郭家壁上醉画竹石。他们互相尊重、互相关心的许多事情很是感人。

黄庆基

姓　名	黄庆基	字　号	吉甫、世伦、灵南
生卒年	不详	出生地	江西金溪
朝　代	北宋	职　官	南康知军

　　黄庆基，字吉甫，又字世伦，号灵南，江西金溪黄坊村人。嘉祐六年（1061 年）进士，西京国子教授，改镇东节度推官。

　　黄庆基与兄黄振基齐名，时推双璧。其后人清代黄鹤题诗云："一门家学溯前贤，选举成林里社传。台阁文章开后代，曾王师友忆当年……"这里的"曾王"是指曾巩、王安石兄弟，"台阁"是指黄振基、黄庆基兄弟。他们当年曾

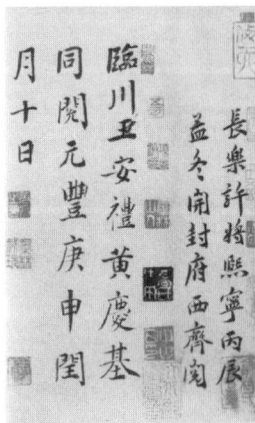

黄庆基书法（资料图）

追随曾巩、王安石读书灵谷峰，创建举林书舍后，奋发苦读，振基随即中举，由大臣韩琦荐登馆职，后官至直秘阁知制诰。

黄庆基与王安石为同学，性情相契，时有诗词唱和。王安石有《送黄吉甫归金溪》一诗，脍炙人口，于金溪影响极大，诗曰：

> 还家一笑即芳辰，好与名山作主人。
>
> 邂逅五湖乘兴往，相邀锦绣谷中春。

黄庆基正直敢言，和王安石情如手足。时安石欲行新法，黄庆基反复劝说，论其不可，以至涕泣而下。

元祐八年(1093年)四月，黄庆基进言议论以资序升迁的缺点，主张根据州郡的不同来选择人才。以司马光、吕公著、孙固等为贤，不喜苏轼，以为有固习气，写文章论其不可大用。

王安石手迹

五月，御史董敦逸连上四状弹劾苏辙，黄庆基也连上三状弹劾苏轼，言苏轼在元祐元年起草吕惠卿贬官告词中有"诽谤先帝""讥斥先朝"之词。宰相吕大防、门下侍郎苏辙等人上疏为苏轼辩白，苏轼本人也上札子为自己辩护，又因太皇太后的保护，结果苏轼不仅没有受到处分，反倒是董、黄二人被罢官。经廷议斥董敦逸为湖北转运判官、黄庆基为福建转运判官。可是，御史中丞李之纯及御史杨畏、来之邵等人又言董、黄二人诬陷忠良，其责罚太轻。于是朝廷贬斥董敦逸知临江军，黄庆基知南康军。

金轮峰铁塔

庐山归宗寺

绍圣初年（1094 年），御史黄庆基出任南康知军。他特请真净克文住持归宗寺，真净克文以病老辞谢。可是其弟子们却以丛林衰落、必需师傅出来振兴为由，最终还是请克文出山了。真净克文住寺不到一年，而归宗寺宗风重振，影响很大。

绍圣三年（1096 年），丞相张商英出镇洪州，路过归宗寺，拜见了真净克文，谈话很是契合。第二年，张商英迎请真净克文迁居石门。

黄庆基历任太常博士，进吏部员外郎，加朝义大夫致仕，家居七年，卒年 76 岁。

徐师回

姓　名	徐师回	字　号	望圣
生卒年	不详	出生地	福建莆田
朝　代	北宋	职　官	南康知军

　　徐师回,福建莆田人。同治《南康府志》十二卷之"职官"载:"徐师回,元丰间(1078—1085 年)知南康军。"元丰是北宋神宗赵顼的一个年号,元丰八年(1085 年)二月宋哲宗即位沿用。

　　这就是说,徐师回于元丰年间知南康军,具体是哪一年到任的呢? 在南康府任上有哪些作为呢? 地方史志查无可考。但从苏辙的《南康直节堂记》可知,徐师回在南康府建了直节堂,这就间接地佐证了徐师回在南康府任上的政绩和为人。

　　元丰八年(1085 年)正月十四日,北宋文学家苏辙路过南康府,为徐师回作了《南康直节堂记》,并亲自书写,刻石立在堂上。当时苏辙因苏轼案牵连而遭贬筠州五年。筠州属江南西路,而南康属江南东路,二者相邻,故与徐师回有往来。

"南康太守听事之东,有堂曰'直节',朝请大夫徐君望圣之所作也。"苏辙开头就直截了当地说,"直节堂"是徐师回建造的。接着介绍庭院状况,庭院里有八棵杉树,长短粗细一样,直得像木工墨线弹的一样,在两丈多高处长有枝叶。这里起初是南康军各部门官吏住的地方,杉树的树荫底下,是书记们蹲伏在一起办公的场所,簿册文书丢在里面,没有人知道这儿有什么可贵之处。徐师回见到这个地方,很是爱惜它,就改建成一座厅堂,而且命名为"直节堂"。

苏辙最后介绍直节堂建成之后,徐师回与客人在堂上宴饮的情景。有一位客人醉醺醺地唱着歌说:"我想做个品行不正的人,可是品行不正的人必然会卑躬屈膝,品行不正的人可以做吗?我想做个品行正直的人,可是做正直的人必然会受到挫折,品行正直的人可以做吗?正像这丛杉树,高高耸立而不偏倚,枝丫伸展,叶片散布,能安然而不危险吗?然而清风吹动衣襟,飞雪洒满庭院,杉树依然颜色不变,您来到树下休息游玩吧!壅土培植灌溉杉树,而不如剪削砍伐,杉树自己并不知道,而要依靠爱树的人呀!庐山一带的百姓,登上直节堂见到了杉树,就会怀念起像杉树一样品行正直的人,这种怀念大概是永远不会终止的吧!"一曲歌终,宴会也就散了。

这实质是苏辙借客人之言,赞美徐师回为人正直的品格。苏辙在前面已对徐师回做出中肯的评价:"徐君温良泛爱,所居以循吏称,不为皦察之政,而行不失于直。观其所说,而其为人可得也。"意思是说,徐师回性格温和善良,广施仁爱,在他任职的地方,以奉公守法而受人称赞。他不施行苛刻的政令,但行为却保持正直。看看他所喜欢的,就可知道他的为人了。

过了九十余年,到了淳熙六年(1179年),朱熹来南康军后"问堂所在?则既无有,而杉也不存"。徐师回建造的直节堂以及那些杉树,早已无影无踪。苏辙记文的石刻倒是找到了一块,但不是原来那块,且被丢弃在别处。于是,朱熹去访问了很多老人,想知道直节堂的故址在哪里,却也一无所获。没有办法,朱熹只好把官厅西面的一个被废弃的旧堂,重新命名为直节堂,而把那块不知何人摹刻的苏辙记文搬来,嵌在这新的直节堂的墙壁中。照他的本意,还想再种些杉树,来重现前贤的遗迹,可惜朱熹还没来得及做成,就匆匆离开了南康军。

南康府旧址

　　显然,朱熹做了一项恢复古迹的工作。但是,这古迹只是延续原来的名称,朱熹重建的直节堂并不是徐师回建造的直节堂,他找来的记文石刻也并不是苏辙当年的原刻。在将近一个世纪的历史过程中,物质方面的一切都经过了摧毁和重建,直节堂的历史仿佛得到了延续,其实真正得到延续的是徐师回和苏辙崇尚"直节"的思想,因为朱熹的共鸣而获得新的物质寄托。

>>>>>>> **附录**

　　南康太守听事之东,有堂曰"直节",朝请大夫徐君望圣之所作也。庭有八杉,长短巨细若一,直如引绳,高三寻,而后枝叶附之。岌然如揭太常之旗,如建承露之基;凛然如公卿大夫高冠长剑立于王庭,有不可犯之色。堂始为军六曹吏所居,杉之阴,府史之所蹲伏,而簿书之所填委,莫知贵也。君见而怜之,作堂而以"直节"命焉。

　　夫物之生,未有不直者也。不幸而风雨挠之,岩石轧之,然后委曲随物,不能自保。虽竹箭之良,松柏之坚,皆不免于此。惟杉能逐其性,不扶而直,其生能傲冰雪,而死能利栋宇者与竹柏同,而以直过之。求之于人,盖所谓不待文王而兴者耶?

（选自苏辙《南康直节堂记》）

舒　亶

姓　名	舒亶(dǎn)	字　号	信道、懒堂
生卒年	1041—1103	出生地	浙江慈溪
朝　代	北宋	职　官	南康知军

　　人们谈及发生于宋神宗时的"乌台诗案",一般都知道那是一起著名的政治冤案,兴讼于元丰二年(1079 年)。宋神宗赵顼接受何正臣、舒亶等御史对苏轼的指控后,将苏轼拘捕押解至京,投入御史台的监狱。所谓"乌台",即御史台,因官署内遍植柏树,又称"柏台"。柏树上常有乌鸦栖息筑巢,乃称乌台。所以此案称为"乌台诗案"。

舒亶画像

　　舒亶因"乌台诗案"而著名,也因此而成为他人生的污点,为后世所鄙视。元丰六年(1083 年),因论奏朝廷钱粮等事,舒亶与尚书省产生矛盾,神宗以"微罪"罢免舒亶。舒亶黯然回乡十年整,直至绍圣元年(1094年),53岁的舒亶才重新被起用,于崇宁元年(1102年)知南康军。

舒亶,字信道,号懒堂,康定二年(1041年)出生于浙江慈溪(今属余姚市)大隐舒夹岙村。少有文才,作文倚马可待。后到明州(今浙江宁波)求学,拜于庆历五先生之一的楼郁。

治平二年(1065年),舒亶在礼部考试中获第一名,即状元(进士及第)。舒亶初任台州临海县尉,年仅24岁,可谓春风得意。临海县负山濒海,其民剽悍,盗夺成俗。"有使酒逐其叔之妻者,至亶前,命执之,不服,即断其首以令,投檄而去,留诗云:一锋不断奸凶首,千古焉知将相材。丞相王安石闻而异之,欲召用会,丁父忧服阕。"

舒亶复起后,调任审官西院主簿。不久,他接受一项特殊任务,出使西夏,划分疆界。由于宋夏双方刚刚停战,边界守军杀气腾腾。但舒亶谢绝护卫,单骑匹马进入西夏,向对方宣示朝廷旨意。西夏将领将钢刀架在他颈上予以威胁,但舒亶神色自若,慷慨陈词。这一壮举感动了尚勇崇武的西夏君臣,使之接受了宋朝划定疆界的意见。舒亶功成归来,晋升奉礼郎。

此时,王安石正紧锣密鼓地展开变法,舒亶也参与了这一历史性改革,并成为其中受人注目的一员。王安石变法是在宋神宗时期,王安石发动的一场社会改革运动,自熙宁二年(1069年)开始,在一定程度上改变了北宋积贫积弱的局面,但遭到了封建地主阶级和大商人的强烈反对。

熙宁三年(1070年)十二月,王安石升任宰相,变法工作全面展开。坚定推行新法者逐渐形成稳固的政治群体,被时人称为"新党"。舒亶是坚定的新党后辈,自进入北宋政坛开始,新旧党变法之争已趋激烈。舒亶进入台谏以后,以忠直著称,先是从严处理了郑侠、王安国案,有效遏止了保守派对熙宁新法的反攻。元丰初,已经在贬的苏轼因讥讽朝政而被捕,在时任御史中丞李定的主导下,开始了对苏轼的羁押审问,是为"乌台诗案"。

由于苏轼文名极盛,当时朝野即对此案展开广泛议论,如苏辙曾言苏轼何罪,"独以名太高"。后苏轼虽定罪坐实,但在舆论营救下特赦开释。元丰年间,新党虽仍占上风,但神宗已对改革和改革派产生怀疑,进而对新党由支持转向利用。也正是在这一时期,舒亶担任御史中丞,从而走上了政治斗争的风口浪尖。此时,新党与温和派之间,以及新党内部已多分裂。

元丰四年(1081年),舒亶卷入了攻击王珪的政治阴谋。元丰末年(1085年),又主导了张商英案。当年舒亶入京,由蜀

余姚学士桥

人宰辅张商英推荐。舒亶任御史时,张商英把自己女婿的文章给他看,希望舒亶帮他女婿一把。舒亶却不讲情面,认为张商英此举有违宋制,毅然告发,结果张商英受到了惩罚。

也许是为了平衡新旧两党的力量,神宗发话说:"身为执法而罪妄若是,安可置也。命追两秩,勒停。"舒亶就这样被罢免了。那一年,他42岁,正是人生的黄金时期。

舒亶黯然回乡,迁居于鄞县的月湖畔,名其居曰"懒堂"。一个"懒"字,很可能蕴含着他心中的愤懑与不平。自此后终神宗一朝,没有再被起用。直至崇宁元年(1102年)正月,舒亶再度出山,知南康军仅仅半年时间。时方开边,蛮寇扰辰州。七月,舒亶任龙图阁待制,知荆南府、荆湖北路都钤辖,坐镇军管洪江。由于舒亶及其前任的

《舒懒堂诗文存》

军事镇压民族地区和唆使黔土人屠杀苗瑶侗土人的政策,使当地民族矛盾加剧,五溪少数民族反复起事,而朝廷无力征服,于是下令废除诸路所开道路和创置的堡寨,对邀功生事的边境官吏实行严惩,有擅杀蛮人者均置之以罪,对五溪地区的郡县一度弃而不问。这标志着舒亶治理苗疆以失败而告终。崇宁二年(1103年),舒亶病死在洪江弥牙尖的军事堡垒里,终年63岁。赠龙图阁学士。

《宋史》《东都事略》有舒亶传。今存赵万里辑《舒学士词》一卷,存词50首。

朱　熹

姓　名	朱熹	字　号	元晦、晦庵、晦翁、紫阳
生卒年	1130—1200	出生地	南剑尤溪
朝　代	南宋	职　官	南康知军

　　朱熹,世尊称为朱子,是孔子之后儒学集大成者。八百多年来,褒扬与批评不断,赞美和攻击相随。虽然他头上罩着许多耀眼的光环,如理学家、思想家、哲学家、教育家、诗人,闽学派的代表人物等等,但他担任南康知军之职却有着不同寻常的意义和价值。

朱熹

　　朱熹,字元晦,又字仲晦,号晦庵,晦翁、云谷老人、沧州病叟、遁翁,别号紫阳,谥文,世称朱文公。祖籍徽州府婺源县(今江西婺源),建炎四年(1130年)九月十五日,朱熹出生于南剑州尤溪县(今属福建三明)城南郑义斋馆舍(今南溪书院),乳名沈郎。朱熹出生时右眼角长有七颗黑痣,状如北斗。

绍兴十八年(1148年)三月,朱熹入都科举,准敕赐同进士出身。三年后朱熹再次入都铨试中等,授左迪功郎、泉州同安县主簿。二十七年(1157年),朱熹任满罢归,不求仕进,主要进行教育和著述活动。

白鹿洞棂星门

绍兴三十二年(1162年),宋孝宗即位,诏求臣民意见。朱熹应诏上封事,力陈反和主战、反佛崇儒的主张,详陈讲学明理、定计恢复、任贤修政的意见。隆兴元年(1163年)十月,朱熹应诏入对垂拱殿,向孝宗面奏三札。十一月,朝廷任朱熹为国子监武学博士。朱熹辞职不就,请祠归崇安。

淳熙五年(1178年),孝宗任朱熹知南康军兼管内劝农事。

淳熙六年(1179年)三月,朱熹到任后,立即发布《知南康军榜文》,广泛征求治军良策。当年适逢大旱,灾害严重。朱熹又安民告示,晓谕民众安分著业以待赈恤,并令大户平价卖出余米以济灾民。同时奏乞蠲免星子县税钱,积极开展抗灾救荒,使灾民得以生活。发布《劝农文》《劝谕趁时请地种麦榜》等,告示农民"有力无地或有力少地之人,可自家踏逐空闲官地,具书字号至亩角,经县陈请布种与判状执照,免科捐给一年,有情愿永佃之人,即与给据管业,特免五年税科"。同时注重农桑技术推广,两次印发星子知县王文林种桑的办法。

淳熙七年(1180年),朱熹向朝廷上奏《乞支钱米修筑石堤札子》,申请修筑南康城南旧堤,请求下拨修堤工钱,并求告转运判官、提典刑狱,得钱二千贯,米千石。同年冬天动工,委派星子知县王文林、南康军司户毛敏董其事,采取以工代赈的办法,征集三县灾民就役,一举而两得,"三邑之民欢趋之"。仅仅四个月时间,就完成了一项浩大而又艰巨的工程,用工17200多个,将旧堤增高三尺,又将闸内淤土运出,浚池引泉以备干旱。吕祖谦曾为之作《石堤记》,"是堤既成,隐然如乘长城,卧坚壁以拒章邯、佛狸之师。"特别是古人游览庐山,大多是经长江入鄱阳湖,至此泊船登岸,此堤保障之功实不可没。后来,为了纪念知军朱熹卓绩,人们以其别号称紫阳堤,城门改称紫阳门。

朱熹抵南康后,自下车伊始,便张榜行碟,广为询究陶渊明、刘凝之、白鹿洞学馆等历史遗迹,向当地军民人等和过往贤士大夫征询实情。同年十月,朱熹行视陂塘时,在樵夫的指点

朱熹

下找到白鹿洞书院遗址。这时的书院，房宇已"损其旧七八"，仅有地基石础还可以辨得出当年的规模。朱熹看到这个地方四面山水清秀环合，"无市井之喧，有泉石之胜"，觉得是讲学著述的好地方。他深感庐山一

朱子祠丹桂亭

带"老佛之居以百十数，中间虽有废坏，今日鲜不修葺。独此一洞，乃前贤旧隐，儒家精舍，又蒙圣朝恩赐褒显，所以惠养一方之士，德意甚厚。顾乃废坏不修，至于如此，长民之吏不得不任其责也。"因此，他认为庐山白鹿洞书院应该尽快地修复。

朱熹立即派军学教授杨大法、星子县令王仲杰等筹措兴复之事，同时向礼部呈报《申修白鹿洞书院状》，报告了对书院建设的若干设想。可是，朱熹向的计划、设想均如石沉大海，并未得到朝廷当权者的支持，相反却遭到讥笑和讽喻，"朝野喧传以为怪事"。尽管南康军、星子县正遭旱灾，但朱熹还是克服了财政困难，仍然坚持进行白鹿洞书院的复建工作，建起屋宇二十余间。他写信给老友吕祖谦，请吕为书院作记。后来他还与僚属、学生以及继任知军钱闻诗商定了进一步兴建书院礼圣殿等屋宇的计划。

淳熙七年（1180年）三月，白鹿洞书院初步修复，朱熹率领军县官吏、书院师生赴书院，祭祀先师先圣，举行开学典礼。朱

熹升堂讲说,与同道们高兴地作诗唱和,写下了《次卜掌书落成白鹿洞佳句》:

> 重营旧馆喜初成,要共群贤听鹿鸣。
>
> 三爵何封莫萍藻,一编拒敢议诚明。
>
> 深源定自闲中得,妙用原从乐处生。
>
> 莫问无穷庵外事,此心聊与此山盟。

此后,朱熹为兴复白鹿洞书院,采取了一系列措施。如制定筹措院田计划、发文征求图书、聘师招生、制定学规、确立教学形式等等。

朱熹兴复白鹿洞书院,是中国教育史上的重要事件,对后来书院的发展、学校的建设有着重大影响。

朱熹重视自然环境对人的学业、思想乃至品德修养的影响,因而在复兴白鹿洞书院时,对周围环境进行了精心规划和整治。使湮没沉寂百年的白鹿洞书院又变为名胜之区而誉满天下,成为一所兼有文化传播和学术研究功能的高等学府,受到宋王朝的格外青睐。淳熙八年(1181年)朱熹离开白鹿洞书院后,在延和殿上又受到宋孝宗的召见,他向宋孝宗报告了白鹿洞书院的修复情况,请求赐书、赐额,得到了孝宗的御赐,为白鹿洞书院赢得了很高的荣誉。白鹿洞书院也因此兴建了朱子祠和御书阁等建筑。孝宗首开先河,清代康熙皇帝玄烨也亲书"学达性天"匾额,遣官送抵书院悬挂。同时还颁送了《十三经》《二十一史》《渊鉴古文》《朱子全书》等珍贵典籍,藏于御书阁内。

随着白鹿洞书院名声的扩大和文化含量的提高,吸引了大批学者如陆九渊、王阳明、李梦阳等来此讲学。宋淳熙八年（1181 年），陆九渊来此讲授《君子喻于义，小人喻于利》，轰动当时。

南康后人为纪念朱熹在南康军的作为，先后建了"六老堂""宗儒祠""二贤祠"等，春秋祭祀，以表达对朱熹治军业绩的怀念。有人称朱熹在南康善政兴学，救荒化俗，"其功烈之大，与匡庐彭蠡同其高大，与天地相为悠久"。

先贤书院大门

钱闻诗

姓　名	钱闻诗	字　号	子言
生卒年	1133—1214	出生地	不详
朝　代	南宋	职　官	南康知军

　　淳熙八年(1181 年)三月,南康知军朱熹被提拔为浙东提举常平茶盐公事,同时派遣钱闻诗接替朱熹南康知军之职。

　　钱闻诗,祖籍吴郡,生于绍兴三年(1133 年)农历八月十五日,吴越国王钱镠九世孙。少时聪颖诚实,勤奋好学。入庠后,广览群书,崇尚儒雅。因家贫而启蒙滞晚,30 岁后才考中举人。

大成殿

乾道八年(1172年),钱闻诗以乡荐茂才科登进士第,随即为吏部选中,授七品文林郎。在都城临安国子监任教期间,曾书题国子监中圃亭"芳润"二字,一时为众儒共赞。

淳熙五年(1178年),钱闻诗升为太学博士。他曾向宋孝宗建言:"在武臣登用上,亦取有文采者优先。"这一建议很快被孝宗喜纳。

淳熙八年(1181年),朱熹离开南康军时,南康石堤尚未修筑完工,特别嘱托钱闻诗继续修建。钱闻诗接任后,每日督行堤上,直至工程告竣。钱闻诗后来还请朱熹好友吕祖谦撰写《南康石堤记》,以赞扬朱熹筑堤之功。

淳熙九年(1182年),朱熹在浙东提举任中又上奏朝廷,获准下拨国库钱三十万缗(一缗为一千文钱),续建白鹿洞书院。这是朱熹一件未竟之事,钱闻诗极力为之,新建了礼

礼圣殿

圣殿及两侧庑房。在殿中塑立先师孔子及其门生颜回、闵损、冉雍、言偃等十位哲人像,在东西庑房刻立范仲淹、欧阳修、周敦颐、程颢、程颐、苏轼、司马光、邵雍等儒家先贤画像碑。后又增拨书院学田,以充实养士费用。

白鹿洞书院修建完毕后,钱闻诗在南康军及各县弘扬尊师之风,规定每年春秋祭孔,书院及军、县儒学恢复儒家礼仪。新生入学要举行乐舞朝拜仪式,以蔬果菜羹,上祭先师孔子,下拜

本学师长。

淳熙十年(1183年)七月,钱闻诗被调回都城临安任朝奉大夫。淳熙十五年七月初六,又调任严州知府(今浙江建德),接替爱国诗人陆游之职。为防水患,疏浚西湖,钱闻诗亲临工地督施,竣工后作《浚西湖记》。

淳熙十六年(1189年),钱闻诗56岁,因感觉身体不适,便于七月向朝廷请辞,并要求回星子养老。宋孝宗念其任官以来多有建树,批准了钱闻诗的请辞,将星子仙石里湖赐其养老之地。后来此处便称为钱家湖,今属温泉镇所辖之村。

钱闻诗"生平有志佳山水,得莅此邦非偶尔"。他在到任之前,就听说庐山景色极佳,早有来此为官的心愿。因此,他到任之后,将其家眷迁来星子,择居于城西南仙石里。

钱闻诗在南康军任上,以周敦颐、朱熹为楷模,洁身自好,爱民如子,严以驭役,宽以恤民,深受民众尊敬。他退隐后平淡而居,撰写《庐山杂著》。在其居室花园山中建佚老亭,并作《佚老亭》诗:

> 胶胶朝路七书考,请绂星江恨不早。
> 昔诧庐山心未然,今见庐山真是好。
> 予卜子家庐山傍,庞眉鹤发商山皓。
> 老而欲佚不得佚,此佚由来锡穹昊。
> 江声山色纷亭前,溢架诗书对花草。
> 心闲日月自舒长,此身到处蓬莱岛。
> 不妨留客醉幕天,浩歌大笑尊罍倒。
> 寄言五峰盍定交,伴此一翁呼六老。

他暮年虽然身体渐弱,但对山水之情未减,踏遍庐山境内名胜,留下诸多诗篇。《宋史·艺文志》载有《钱文诗文集》二十八卷,今尽遗失。《宋诗拾遗》收录钱闻诗 55 首诗作,除 4 首为在严州任中所作,余皆为南康军任中及退居后之作。《鸾溪》是其代表作品之一:

一溪高占翠嶙间,终日寒泉自往还。

要看仪仪同类舞,惜乎不接凤凰山。

据《钱氏宗谱》记载,钱闻诗逝于嘉定七年(1214 年),享年81 岁,葬于钱家湖花园山。1938 年抗日战争中,钱闻诗墓壕遭日军飞机轰炸,封土无存。1983 年经星子县文物普查探测,墓室未受扰乱,被列为县级保护文物。

朱端章

姓　名　朱端章	字　号　不详
生卒年　不详	出生地　福州长乐
朝　代　南宋	职　官　南康知军

　　在中国历史上，
福建长乐名医辈出，
董奉、陈修园、朱端
章三位医家名噪全
国，其中有两位曾直
接造福于南康百姓。

朱端章施医图

一是董奉，医精德高，后世以"杏林始祖"名之，与华佗、张仲景
并称"建安三神医"。二是朱端章，在南康郡斋刻校出版《卫生
家宝产科方》《卫生家宝小儿方》《卫生家宝汤方》等医书，皆一
时名著，流行国内，并远播日本等国，后世医籍亦多有引用。可

惜古籍罕录朱端章其人事迹,岁月既淹,其书亦湮没不闻,现代医者闻朱端章者鲜矣。

朱端章,淳熙十年(1183年)七月任南康知军。他为官清廉,勤政务实,尤其重视白鹿洞书院建设。据《南康府志》记载:"淳熙己亥(1179年),朱子知南康军,并建书堂。辛丑(1181年),迁浙东提举,复遗钱三十万,属军守钱闻诗建礼圣殿、两庑,并塑像。后二年,知军朱端章加板绘,从祀诸贤像。""拨设官田七百余亩于洞学,以瞻四方之来者。"

朱端章在南康任职期间,经常利用公务之暇坐堂行医,尝谓:"民之疾疠乃疾苦之大者,敢不问乎?"遇有疫疠流行,常深入疫区,施医赠药,"乃辨四时、寒暑、燥湿之气,处方治药,家访庐给,旦旦以之,全治者众矣"。《宋史·艺文志》记载,朱端章著有医书《卫生家宝方》六卷、《卫生家宝产科方》八卷、《卫生家宝小儿方》二卷、《卫生家宝汤方》三卷。

《卫生家宝方》

《卫生家宝方》,由朱端章以家传验方等传其下僚徐安国,由徐氏增补成书。是书最初由朱端章自撰,名《卫生家宝产科方》,其中集有李师圣之《产育宝庆集》及陆子正之《胎产集验方》,实用价值甚高,受到后代推崇,后世本草及方书多有引用。

《卫生家宝产科方》,系朱端章在所藏诸家产科经验方的基础上,广搜博采,并结合自己的临证心得编成,共八卷。淳熙十一年(1184年)十二月,刻校于南康郡斋。是书为当时产科著作之集大成者,如《千金方》《外台秘要》《圣济总录》等医著中有关产科的内容大多被引用吸收。

这是一部珍贵的产科医学古典文献,总结了宋以前的产科临床施治经验和初生儿保育方法,内容涉及妊娠、临产、产后诸症、新生儿护理及婴儿常见疾病的治疗等。书中描述了如何处理妇女怀孕期和产后的各种症状和疾病,如因胎位不正引起的难产、大出血、胎盘不脱落、脐带缠绕等,对后来的同类妇产医学专著,产生了重要影响。

《卫生家宝小儿方》《卫生家宝汤方》二书,亦于淳熙十一年(1184年)在南康郡斋出版刊行。该书是以内科为主,兼及外科、五官科及保健养生等类的方书,分34门,凡758方。方多出宫廷,故用药考究,炮制精详,组方缜密。此二书原刊本早已亡佚,故并称为"罕见之秘籍",有日本手抄本《卫生家宝汤方》,2006年中医古籍出版社据之影印出版。

朱端章曾纂辑郡志,著有《南康记》八卷,另有《庐山拾遗》二十卷。庐山秀峰景区龙潭石壁上有南康太守朱端章书写的"庐山"二字,字径达2.33米,立于淳熙十一年(1184年)12月22日。归宗寺石镜溪的砥石上也有朱端章书写的"山水"二字,左边还写有"何必丝与竹,山水有清音",右边落款为"甲辰季冬长乐朱端章书"。

朱端章书法石刻

京　镗

姓　名	京镗	字　号	仲远
生卒年	1138—1200	出生地	豫章
朝　代	南宋	职　官	南康军教授

　　孟子曰："富贵不能淫,贫贱不能移,威武不能屈,此之谓大丈夫。"在南宋就有这样一位大丈夫,此人就是南宋的宰相京镗。

　　京镗,字仲远,豫章(今南昌)人,出生于绍兴八年(1138年)。他自幼聪慧,读书用功,绍兴二十七年(1157年)考中进士,任"才子之乡"临川主簿,后任江州瑞昌县知县(今江西瑞昌)。时任江西转运判官兼

京镗

隆兴(今南昌)知府龚茂良非常器重他的才能,曾经当面对他说:"你是在朝廷上做大官的材料啊。"后来龚茂良官至参知政

事,并代行宰相之职。京镗由龚茂良举荐入朝,开始在仕途上表现出独特才干。

淳熙元年(1174年),京镗又来到转任星子知县。他在知县任上兢兢业业,亲政爱民,政绩优异,深受百姓敬仰。同治《南康府志·名宦》载,他"刚明有守,爱民恤物。赋役均平,民安其业。治教有序,闻望甚著"。

孝宗即位之初,百废待兴,诏令侍徒官推荐优良县令为台官。给事中王希吕说:"京镗很早就登上儒学等级,两度试为县令,有好的政绩名声。陛下需求执法官员,京镗是合适人选。"

孝宗召集群臣垂询政事得失,许多臣僚曲意迎合,说治理国家的事情很快就可以大功告成。京镗却力排众议,认为天下大事不可急于求成,应当有步骤地加以解决。他直言不讳,切中要害,慷慨陈述民贫兵骄、士气颓靡的社会现状。这使孝宗大为赏识,先后擢升他为监察御史、右司郎官等。

京镗北湖题刻

绍兴十一年（1141年）"绍兴和议"后，南宋向金国称臣纳贡，一直处于受屈辱的地位。淳熙十四年（1187年），太上皇高宗驾崩。适逢金国派生辰使来庆贺孝宗圣诞，因在居丧期间，孝宗不宜接见，即派京镗为宾佐，负责接待使臣。事后金国贺使想再逗留几天，但是京镗考虑国丧之日，不宜以贺喜名义久留，便果断地拒绝了。孝宗认为京镗十分称职，于是将他迁为中书门下省检正诸房公事。

第二年，金国派使臣前来吊唁。孝宗又派京镗为报谢使，出使金国。金国照例大设宴席，鼓乐招待。因居国丧，京镗请求免除宴席，金人不依。京镗说："如果实在不能免宴，则请撤去宴乐。"金人强迫京镗入席，京镗抱定不辱使命的决心，"只愿身糜鼎镬中"，坚持不撤宴乐就不入席，义正词严地说："头可取，而乐不可闻！"说罢带领随从拂袖而去。守卫兵士拔刀阻拦，京镗厉声呵斥。金主得知后大为感叹，说："真是南朝的忠贞耿直之臣啊！"于是，下令撤去宴乐，然后请京镗入席。

消息传到南宋朝廷，孝宗龙颜大悦，对大臣们说："士大夫平常谁不自认为有气节，但是有谁能像京镗这样临危不变，正气凛然，不辱使命呢？"

京镗出使回来，入朝进见。皇上慰劳他说："你能坚持礼节为国家增长气势，我拿什么筹赏你呢？"京镗叩头说："北人害怕的是陛下的威仪道德，不是害怕臣。即使臣死在北人朝廷，也是臣子的本分罢了，又怎么敢说赏赐呢？"孝宗认为这是南宋积弱已久之后，一次"为国争气"的外交胜利，于是将京镗提升为权工部侍郎。

鼎湖龙驭去无踪，三遣行人意则同。

凶礼强更为吉礼，裔风终未变华风。

设令耳预笙镛末，只愿身糜鼎镬中。

已办滞留期得请，不辞筑馆汴江东。

这是南宋诗人罗大经的一首写实诗，记述京镗要求金主免宴撤乐事件，不事雕琢，铿锵有力，点赞京镗大义凛然、不辱使命的民族气节。

淳熙十五年（1188年），京镗任四川安抚制置使兼知成都府。京镗到任之后，采取减免征敛、让利于民、惩治凶犯、加强治安等一系列措施，很快就形成了蜀地大治的稳定局面。

四年之后，京镗被召回京城任刑部尚书。绍熙五年（1194年），进为参知政事。宁宗继位后，对京镗十分器重。庆元二年（1196年），京镗升任右丞相。从成都调回京城，再到丞相高位，前后仅四年时间，在仕途上一路顺风，这与他自身出色的才干是分不开的。

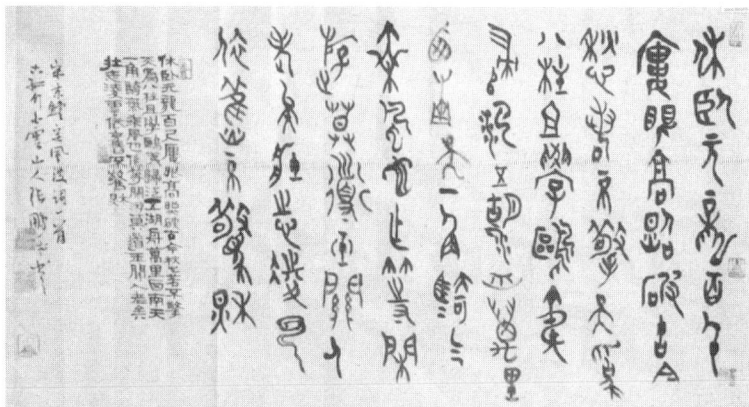

京镗《定风波》（篆书）

庆元六年（1200 年）二月，京镗改任少傅、左丞相，封翼国公。八月十四日病逝，赠太保，谥文忠，后改谥庄定。

纵观京镗平生，他不仅是一位朝廷重臣，也是一位文思畅达的儒雅文士。著有《松坡集》七卷，今已散佚。传世作品中的《定风波》是京镗词集中很有代表性的佳作：

休卧元龙百尺楼。眼高照破古今愁。若不擎天为八柱，且学鸱夷，归泛五湖舟。万里西南天一角，骑气乘风，也作等闲游。莫道玉关人老矣，壮志凌云，依旧不惊秋。

这首词笔若惊雷，词意豪健，可见京镗当年满怀报国之志，虽然已届不惑之年，还是满腔热血，忧国忧民，壮志凌云。如果不能成为擎天之柱，就像范蠡一样辞官归隐，泛舟太湖。

张　洽

姓　名	张洽	字　号	元德、主一
生卒年	1161—1237	出生地	临江清江
朝　代	南宋	职　官	白鹿洞书院山长

　　绍定六年(1233年),提点江东刑狱袁甫"以白鹿洞书院废弛",请张洽为山长。因为白鹿洞书院是其先师朱熹旧迹,故而欣然应聘。张洽择优而授,因材施教,并清查学田,使白鹿洞书院再次兴旺。

　　张洽,字元德,号主一。绍兴三十一年(1161年)出生于临江郡县清江,即今江西省樟树市大桥街道彭泽村。

　　张洽儿时聪慧过人,师从朱熹读

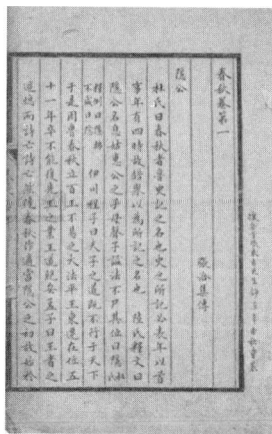

张洽《春秋集传》页面

书。从《六经》传注开始，探究典籍的宗旨所在，尝取管子"思之，思之，又思之。思之不通，鬼神将通之"之语，以为穷理之要。至于诸子百家、山经地志、老子佛家之类的书，无所不读，尤以专治《春秋》名噪一时。朱熹赞赏他志向坚定，对黄干说："我寄望于保持道统永远传续，像你们这样的没有几个人啊。"

当时施行社仓法，张洽向官府请求借贷常平仓里三百石粮米，在里中设立了粮仓。六年之后，他归还了向官府所借粮米，乡里人也因此而受益。

嘉定元年（1208 年），张洽考中进士，被任命为庐江郡松滋（今安徽宿松）尉。当时湖右土地分界不清，弊端日益严重，县令将此事交给张洽处理。张洽推行推排法，先责令百姓自己核实自家的土地疆界和产业数目，将结果投放在柜子里。然后，他亲自查验核算，依次排列，这样官吏的奸行就无从隐藏了。十多年以后，打官司的人还援引它作为证据。

朱子祠

张洽任袁州(今江西宜春)司理参军时,有个大囚犯,每当审讯就服罪,不久又变卦,使官吏摇摆不定,案件多年没有判决,因此逮捕关押了很多人。张洽接手此案后,很快就调查清楚了,并上报提点刑狱,杀了那个大囚犯。

郡守因听信都吏的谗言,将二十多家掌管粮仓的官吏没入官籍,让张洽来审问。张洽查访得知,这些人是被都吏故意中伤的。原来都吏曾想插手粮仓,由于未能如愿,就故意中伤管理粮仓的官吏。张洽先把这些官吏暂且拘捕起来,而暗地里派人核计粮仓收入。然后,张洽禀报太守说:"您把二十多家没入官籍,是因为都吏的缘故。现在核查了近几年粮仓的收入,已经比以前丰足了,由此来看,都吏所说是虚妄的。您一定不会忍受都吏的虚妄,却将无罪的人家没入官籍。如果能治都吏的罪,那么过失就可以免除了。"太守醒悟了,立即罢免了都吏,宽免了那些被没入官籍的官吏。

张洽任吉州永新县(今江西永新)知县时,有一天他听到监狱中有鞭打的声音。原来是狱吏受了贿赂,于是利用机会审讯被囚禁的人,让无辜的人服罪。张洽大怒,马上将狱吏捉拿进监狱,第二天上报给郡守,将他施以黥刑。

张洽从少年就致力于恭肃奉事,所以他用"主一"来命名自己的书斋。他平常与一般人没什么两样,等到遇上按义理应当去做的事时,他就奋勇向前,无人可以阻拦。赋闲时不谈论朝廷的事情,有时因发生灾异变故,就会闷闷不乐,等到听说有一个君子得到进用,士大夫们直陈朝廷得失,他就喜形于色。他所交往的都是有名的人士,如吕祖谦、黄榦、李燔、柴中行、真德秀、魏了翁、李埴、度正等。后来,他以病请辞,主管建昌(今永修)仙都观。

理宗赵昀曾多次召张洽进朝讲解经书。张洽辞不就职,专心研究理学。端平初年(1234年),召赴都堂审察,他以疾不赴。后除直秘阁,他亦辞不就,主管建康崇禧观。

嘉定三年(1210年),张洽回到家乡,在临江镇城临袁水创办樟树第一所书院——"清江书院"。书院内市制了学田,仿白鹿洞书院建立了各项规章制度,并聘请名儒担任讲席。

嘉熙元年(1237年)十月卒于家,年77岁,谥"文宪"。明代配享白鹿洞书院宗儒祠,清代从祠白鹿洞书院紫阳祠。张洽著有《春秋集注》《春秋集传》《左

张洽《春秋集传》页面

氏蒙求》《张文宪文集》《续通鉴长编事略》《历代郡县地理沿革表》。其中《春秋集注》《春秋集传》被列为明代学习《春秋经》的教科书。

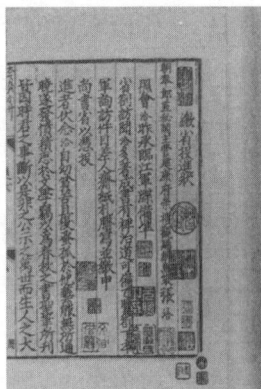

方　岳

姓　名	方岳	字　号	巨山、秋崖
生卒年	1199—1262	出生地	徽州祁门
朝　代	南宋	职　官	南康知军

　　同治《南康府志》载,自太平兴国七年(982 年)设立南康军起,一直没有城池,计 265 年。直至淳祐七年(1247 年),知军方岳始筑土城,长五里二十步,并建几个城门,"仓步、汇泽门于东,临津、彭蠡、福星门于南、建昌门于西、五老门于北,浔阳门于东南,水门于西南。"可惜整个工程还没有完成,因方岳遭贬而终止了。

方岳

　　元代至正年间(1341—1370 年),徐寿辉攻掠南康府,城池遂为所陷。直至正德七年（1512 年），知府陈霖又以土筑城，这又恰好相隔了 265 年。七百多年后的今天，尽管只能看见几处南康古城残存的部分遗址，但人们永远不会忘记南康古城的基奠者——方岳，这位南康历史名臣。

方岳，字巨山，号秋崖，又号菊田。徽州祁门（今属安徽）何家坞人。他出身于世代耕读之家，七岁就能赋诗，时人称之为神童。

方岳生逢乱世，忧国忧民。有一次，他瞻仰故乡岳飞庙宇后，作长诗一首，如水泻地，把满腹忧愤化作爱国诗篇，以表达对岳飞的崇敬，抒发自己的报国之志。诗云：

> 神京鳞介腥衣裳，
> 三精雾塞天地光。
> 星啼鼯笑纷披猖，
> 中分宇宙尊犬羊。
> 谁其与者沦纲常，
> 受计于虏扼我吭。
> 王心凛凛天苍苍，
> 以次来缚归朝堂。
> ……

绍定五年（1232 年），方岳应漕试及别头试时，皆获第一。但因不附和权臣史弥远，而降为甲科进士第七，为滁州教授。

端平元年（1234 年），蒙古族灭了金朝，并向宋朝进攻。时任京西湖北制置使史嵩之准备在湖北和蒙古族议和，方岳代赵葵写信责骂史嵩之。嘉熙年间（1237—1240 年），方岳除淮东安抚司干官,后为淮东制置使赵葵延置幕府,深得赵葵的器重。嘉熙三年(1239年),史嵩之当宰相不久,方岳即被罢官,闲居四年。

淳祐四年(1244年),方岳又被复职,为赵葵督视江淮、京湖军马,行府参议官。五年(1245年),方岳除太学正兼景献府教授。六年(1246年),迁宗学博士。七年(1247年),除秘书郎,迁宗正丞兼督视行府参议官,改知南康军(今江西庐山)。

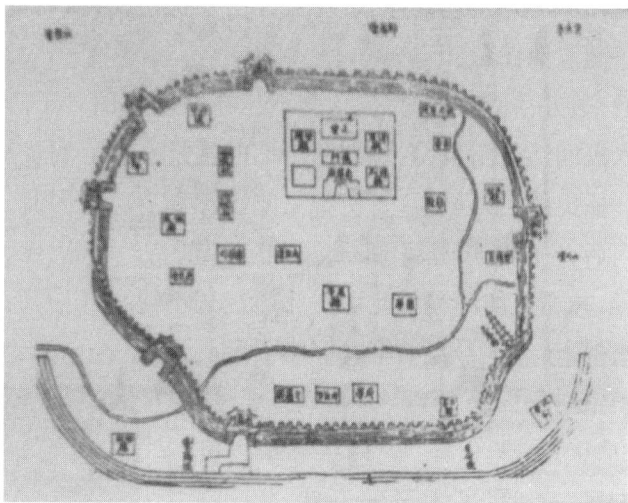

南康府城图

方岳在任南康军知军时,权臣贾似道为湖广总领。一日,贾似道派来的船队占据鄱阳湖闸口,把持水闸,敲诈民船,不缴万钱不得入闸停泊,因此造成许多民船覆没的惨剧。方岳闻讯气愤不已,下令擒押肇事官兵数人。贾似道传来文书,意欲兴师问罪。方岳毫不畏惧,立即回复,痛斥其不法行为,"岂不知天地间有一方岳焉!"铁骨铮铮,正气凛然。因此,又被贾似道上章弹劾。当地百姓闻讯方岳离别南康军,都不约而同地来到南康城,排着长队前来为他送行。方岳调为邵武军(今福建邵武)后不久,他又辞职回家。

宝祐间,程元凤为相,又起用方岳,除吏部尚书左郎官,知袁州(今江西宜春)。宝祐六年(1258 年),丁大全为右丞相兼枢密使,因记恨方岳过去没有准许他求荐的要求,嗾使袁玠弹劾方岳,故方岳又被罢官。后复被起用知抚州,又因与贾似道的旧嫌而取消任命。

后来,方岳回到祁门,仍念念不忘在南康府的日子。他常常深入民间访贫问苦,老百姓招待他的常是土产豆腐烧汤,再投一些捕捉的河虾同煮,每次都是吃得津津有味。因此,他回到祁门后,也学着用豆腐、虾子,再加上祁门特产香菇、冬笋、肉丁同煮,味道更加鲜美。此汤在祁门经久不绝,祁门人称之为"中和汤",流传至今已有七百多年了。

景定三年(1262 年),方岳病逝于家中,享年 64 岁。

方岳一生写了大量的奏状、铭、记、诗词等,著有《秋崖集》四十卷、《秋崖先生词》四卷。明嘉靖年间(1522—1566 年)其裔孙方谦刊刻成《方秋崖先生全集》,凡文四十五卷,诗、词三十八卷。洪焱祖说他:"诗文四六,不用古律,以意为之,语或天出。"方回称其

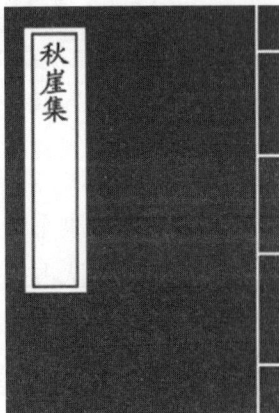

方岳《秋崖集》

诗:"不江西,不晚唐,自为一家。"

方岳是文学史上江湖派诗人代表,其诗词风格清新质朴,平白如话,受杨万里、范成大影响,而自成一体,与刘克庄齐名。郑振铎著《中国文学史》说:"其诗主清新,工于镂琢";其词吐语清旷,不避俚俗,风格近于苏(东坡)辛(弃疾)。如"春雨初晴水拍堤,村南村北鹁鸪啼;含风宿麦青相接,刺水柔秧绿未齐"(《农谣·之一》),清新自然,富于生活情趣,为大众喜爱,广为流传。

朱 在

姓　名	朱在	字　号	敬之、叔敬、立纪
生卒年	1156—1239	出生地	徽州婺源
朝　代	南宋	职　官	南康知军

　　每当人们谈起南康历史文化名人，一般都知道朱熹于淳熙六年（1179 年）曾担任南康知军，虽然只有短暂的两年时间，但在南康古郡留下了众多的历史文化遗存，如朱公坡、紫阳堤、白鹿洞书院等。但是，朱熹的小儿子朱在于嘉定十年（1217 年）也来担任南康知军的故事，却鲜为人知。

朱在

　　朱在，字敬之，又字叔敬，号立纪，徽州婺源（今属江西）人。绍兴二十六年（1156 年）出生于崇安五

夫里,南宋理学家朱熹的第三子,世袭博士。其母刘清四,长兄朱塾,次兄朱埜。朱在是朱熹的幼子,最得父亲宠爱。朱熹在外做官时,常将朱在带在身边。

朱熹逝世十年后,赵宋王朝终于发现朱熹理学的特殊价值,于嘉定二年(1209年)封朱熹为"朱文公"。因此,朱在以父荫补承务郎,翌年通判泉州。

嘉定四年(1211年),石井镇游绛应安海士民要求,向上申请建造"石井书院"。泉州郡守邹应龙慨然应允,拨官帑40万缗为倡首,指令漕、舶二司捐助,并派朱在"如州郡学之制"主持书院营建事宜。翌年,书院落成,规模按州、县学模式设计,中有大成殿,后有尊德堂,奉祀朱松、朱熹父子,两畔有富文、敏行、移忠、立信等四座书斋,此外还有杏坛、碑坊、乐轩、庑舍等建筑设施,成为当时泉州州属建院最早、规模最大、设备最完整的高级学府。书院建成后,又购置许塘、承天等地田亩为学田,使就读的生员"赡养有田,肄业有舍"。著名文学家留元刚为书院撰碑文,赞曰:"天下如石井者凡几!"

嘉定十年(1217年),朱在以大理正知南康军,重修白鹿洞书院。朱在的姐夫、朱熹的高足黄幹特撰《南康军新修白鹿书院记》:"淳熙间,诏以文公朱先生起家为郡,始得遗址规复之。岁适大祲,役从其简。已而请额与书以重其事,

石井

则其简也,固有待也。""嘉定十年,文公朱先生之子在,以大理正来践世职,思所以扬休命,成先志。鸿工度材,缺者增之,为前贤之祠,寓宾之馆,阁东之斋,趋洞之路;狭者广之,为礼殿、为直舍、为门、为墉;已具而弊者新之,虽厄福之属不苟也。其规模宏壮,皆它郡学所不及。"

文会堂

当年朱熹知南康军时,朱在就随父同行读书,常往返于白鹿书院,亲眼见证白鹿洞书院的复兴。由于当年资金匮乏,朱熹任期短暂,只是开了个头,故离任时遗钱30万,嘱托继任者钱闻诗"建礼圣殿并两庑,塑孔子十哲像"。

时隔38年之后,朱在再次来到南康军,不仅实现了其父朱熹复兴白鹿书院的初衷,而且特建会文堂以做生徒讲习之场所。"招致尝从学先生而通其论者,使长其事讲授焉。"特邀朱熹的高足弟子李燔等前去讲学。各地学者云集,"讲学之盛,它郡无比"。

黄幹盛赞朱在之举,非常高兴地写道:"幹顷从先生游,及观书院之始,后三十有八年,复睹书院之成。悲往哲之不复见,又喜贤侯之善继其志。""于康庐绝特之观甚称,于诸生讲肄之所甚宜。宣圣朝崇尚之风,成前人教育之美,皆可无憾矣!"

宝庆二年(1226年),朱在除工部侍郎,后为礼部侍郎,知平江府、袁州等。嘉熙三年(1239年)九月初九殁于建安,葬于建宁府城东光禄坊安寺后山。朱在娶吕祖谦之女为妻,继娶赵氏,有子朱铉、朱铸。其后裔居留泉州,至长子孙,衍传不息。

朱熹、朱在父子俩先后担任南康知军,重振白鹿洞书院雄风。子承父业,继往开来,为庐山儒林史留下了一段千古佳话。

陈　宓

姓　名	陈宓	字　号	师复、复斋
生卒年	1171—1230	出生地	福建兴化
朝　代	南宋	职　官	南康知军

　　白鹿洞书院贯道溪出峡口向东,迂回流山南折而下。跨溪有一座石桥,为朱熹知南康军时所建。嘉定十一年(1218年)四月,南康知军陈宓与张琚、罗思、姚鹿卿、张绍、潘柄、李燔、胡泳、缪惟一等会讲洞中,歌颂朱熹之芳泽,特别将桥名为"流芳桥",并在桥北刻"流芳"两字。

陈宓白鹿洞石刻

　　陈宓,字师复,福建兴化(今福建莆田)人,北宋名相陈俊卿第四子。少年时随其兄李守、李定同登朱熹之门,常从黄幹游。以父历任泉州南安(今福建南安)盐税,主管南外睦宗院、再主管西外。

嘉定三年（1210年），陈宓任安溪（今福建南溪）知县。他看到那里无医无药，居民信巫尚鬼，便在县衙大门边设"惠民药局"，聘医生诊治、制药。次年，在县衙西南建成"安养院"。在县衙前开辟一条路、竖立两座坊表，同时辟地修建东街和西街。

嘉定六年（1213年），陈宓把县西常沿渡上一座木桥改为石址木梁，桥上盖屋46间。邑人刻石曰"陈公桥"，陈宓却将石碑推入溪中，改名"凤池桥"。县民深为感念，亲切地尊称其为"复斋先生"。在他离任后，县民建生祠于凤池桥旁。

有县吏依惯例呈进各色不系上供的钱，说："这些钱请老爷自行取用，这是老例啊！"陈宓正色道："入县便是官钱，作为私有，便成赃物了，这一个'例'字，败坏了多少贤士大夫啊！"陈宓立即下令把这些钱归入县库。

嘉定七年（1214年），陈宓入监进奏院，上封事指陈朝廷弊政，慷慨尽言。"奏入，丞相史弥远不乐，而中宫庆寿，三牙献遗，至是为之罢却。"寻迁军器监簿。九年（1216年），陈宓又言三事，说："人主之德贵乎明，大臣之心贵乎公，台谏之言贵乎直。"随后请求辞官归里。在告日，擢太府丞，不拜。

嘉定十一年（1218年），陈宓出知南康军，到丞相史弥远那里告别。史弥远说："子言甚切当，第愚昧不能行，殊有愧耳。"

陈宓到任知南康军，那年歉收，奏蠲免赋额十之九。又遇流民群集，陈宓就召集饥民筑紫阳堤，而给其食。同时，陈宓与黄幹、李燔同游白鹿洞、玉渊、三峡涧，俯视朱熹旧迹。然后修建白鹿洞书院，改朱在所建会文堂为文会堂。他接受黄幹的建议，以胡泳为书院堂长。同年四月，会讲洞学，众人相与歌朱熹之赋。又在白鹿洞口重建枕流桥，并在回流山刻石记游。第二年，他手书"自洁"二字，刻于朱熹命名的"自洁亭"畔的石头上。后来陈宓改知南剑州（今福建南平），创建延平书院，悉仿白鹿洞书院之规。

陈宓知漳州，还未成行，闻宁宗驾崩，呜咽累日，请求致仕。宝庆二年（1226年），提点广东刑狱，他三次上书，请求不就。除直秘阁，主管崇禧观，他又拜祠命而辞职名。家居作"仰止堂"，供朱熹像于堂中。绍定三年（1230年）卒，享年66岁。

陈宓天性刚毅，信道尤笃。自言居官必如颜真卿，居家必如陶潜，而深爱诸葛亮身死家无余财，库无余帛。殿中侍御史王遂首言："宓事先帝有论谏之直，而不及俟圣化之更，宜褒其身后，以劝天下之为臣者。"帝为之感动，诏赠直龙图阁。明代配享白鹿洞书院宗儒祠，清代从祀紫阳祠。

陈宓著有《论语注义问答》《春秋三传钞》《续通鉴纲目》《唐史赘疣》等数十卷。

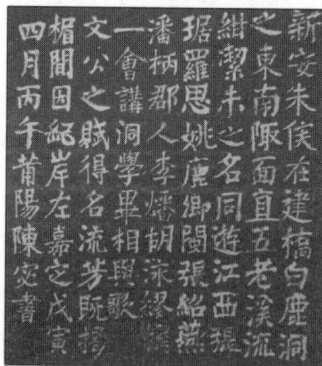

陈宓白鹿洞石刻

白鹿洞流芳桥

张 虙

姓 名	张虙	字 号	子宓
生卒年	不详	出生地	明州慈溪
朝 代	南宋	职 官	南康知军

张虙,字子宓,南宋明州慈溪清水庄(今江北区)人。庆元二年(1196年)进士,授州教授。为浙东帅属,帅督新昌旧欠,张虙劝道:"越人之瘠,宜咻噢抚摩之。今夏税当宽为之期,使田里久饥之甿,少还已耗之气血,尚可理旧逋耶?"力辞不行。

张虙主管户部架阁文字,改太学正。后迁太常博士,又迁国子博士。金国将亡之时,朝廷讨论自治之道。张虙说:"天下之治,必有根本。城郭所以御敌也,使沟壑有转徙之民,则何敌之能御? 储峙所以备患也,使枵腹盻盻不得食,则何患之能备? 今日之吏,能知守边之务者多,而能明立国之意者少,缮城郭、聚米粟,恃此而不恤乎民,则其策下矣。"

张虑升任秘书郎,参与编纂《宁宗会要》,兼吴益王府教授,改兼庄文府。再迁著作佐郎兼权都宫郎官、秘书丞、著作郎。因病请求外放,出任南康知府。

张虑至南康上任后,剖决滞讼,众皆悦服。前任陈宓在济民库中留钱七千缗,作为筑城费。张虑说:"不必扣留老百姓的钱,我捐万缗为倡,此后倘能不断继续,何患事之难成?"又有转运使置钱万二千缗,用于百姓平籴粮食。张虑也出钱万二千缗以增益之,民赖其利。

张虑后改任处州知府,做到政不病民而除其病于民。又转任温州知府,张虑力辞,遂回朝廷,任直秘阁,主管千秋鸿禧观。有参议制置使幕中使者慁谏自用。张虑守正不阿,每济以宽大,后改为主管玉局观。

端平初年(1234年),召张虑为国子司业兼侍讲,又升国子祭酒,后来又兼权工部侍郎兼国子祭酒。可惜令下而卒,享年80岁,诏赠四官。

南康府城墙

王　祎

姓　名	王祎	字　号	子充、华川
生卒年	1322—1374	出生地	婺州义乌
朝　代	元	职　官	南康府同知

　　南宋淳熙年间（1174—1189 年），朱熹任南康知军时，府署西院有武观堂。嘉定年间（1208—1224 年）赵师夏任南康知军时，改名为六老堂，意在取庐山五老峰的五老，再加他自己一老，欲使自己与五老峰齐名而永存。

王祎

　　至正二十六年（1366 年），王祎任南康府同知，重建六老堂，撰文为记时，将赵师夏一笔勾销，改将朱熹配五老峰。朱熹堪称中国历史上的巨子，也为南康历代名宦之最，名实相当，人心大悦。

王袆,字子充,号华川,婺州路义乌(今浙江义乌)人。其祖父王炎泽,致力经籍,从朱子理学,以善教著称,学者尊为"南校先生"。其父王良玉,秉性高介,研访经史,亦为婺州路儒学训导,后至常山教谕。

王袆自幼敏慧,师柳贯、黄溍,有文名。黄溍觉得不能将王袆与一般弟子同等相看,不以师自居,而以同道相待。

元至正八年(1348年),王袆写了一篇纵论天下事势的文章,洋洋洒洒,长达七八千言。随即北上京城大都(今北京),上呈朝廷。但当朝嫌其切直,置之不理。当时黄溍受命于史馆,为编修《后妃功臣列传》总裁官。王袆就在史馆中,侍奉老师,联榻拥衾,相与探究史学精蕴。直至至正十年二月十六日,他才离开大都,回归浙东家园。

至正十五年(1355年),元末兵事已起。为避战乱,王袆迁居到县南十里的青岩傅读书,于经史百家,无所不究,撰成《丛录》一书。十八年(1358年),战事日益逼近婺州。王袆又迁到祖居凤林乡,借居于族人家中,撰成《卮言》一书。

十九年(1359年)十二月十八日,朱元璋率军来到婺州(今金华)城下,就立即遣使到义乌征聘王袆。朱元璋一见大喜,打算由王袆担任金华县令,群臣都认为是大材小用,应当留在行省,方能充分施展才华,有益于国事大业。朱元璋觉得有道理,就授王袆为中书分省掾吏,并说:"现在安排在省幕之中,用以储备人才,文书簿册,不用分劳。待还京后,当另有重任。"于是置为左右,谋论要事,商略机务。

待到朱元璋离开婺州，将回应天府（今南京）时，欲让王祎同行随从。而王祎因父母双亲年届花甲，需要奉养而请留不往。当时胡大海以江南分中书省参知政事镇金华，素仰王祎的才气，于是向朱元璋要求将王祎留在身边。

二十一年（1361年）冬，朱元璋率军征讨江西，胡大海委派王祎到朱元璋处，禀报事宜。江西平定以后，王祎写了一篇《平江西颂》。朱元璋阅后大喜，对王祎说："吾固知浙东有二儒，卿与宋濂耳，学问之博，卿不如濂；才思之雄，濂不如卿。"

二十二年（1362年）十二月，朱元璋召王祎入应天府，次年二月授江南儒学提举司校理。二十四年（1364年）五月初五，王祎的父亲在义乌家中去世。按照当时礼制，儿子应该居家守孝一年。

二十五年（1365年）五月，王祎服孝期满，授侍礼郎兼引进使。当时为朱元璋创国之初，其中礼乐建制，多由王祎所为。年底，授起居注职，属于皇帝身边的近臣，负责记录皇帝的日常言行。

二十六年（1366年）七月，王祎被升为南康府同知。因元朝末年弊政所致，再加多年兵事所扰，南康府已是满目疮痍。"荆榛猛兽处，瓦砾悲虫吟。道院存古号，公庭蔽荒阴。"王祎以仁恕之心治民，以廉平之举理事。修公署，兴学校，重建六老堂，重造二贤祠，使累积数十年的凋敝得以复苏。朱元璋特授王祎黄金带，以示表彰。

当时建昌知州品级高于知县，自以为是，知府屡次召而不至。王祎到任以后，将其所失一一举出，并声称要给予处治。

建昌知州得知消息后，急忙跑到府署，向王祎叩头请罪。王祎对他说："我是府佐，你应该到知府大人处谢罪。"知州跑到知府处，知府则说："这是同知大人所定，你还是应该向他谢罪。"最后王祎笑着对知州说："你当初的傲劲哪里去了？要知道做人做官都要讲道理、讲礼义，这是最起码的。只要你能真心改过，这次也就不追究你了。"知州畏服，拜谢而去。

二十七年（1367 年）六月，朱元璋准备正式当皇帝，将王祎从南康召回应天府，参与制订即位的相关礼制。

洪武元年（1368 年），朱元璋在应天府登基，为大明的开国皇帝。王祎却被贬谪到漳州府任通判。

王祎抵达漳州后，以治南康的方法治漳州。此地处于福建东南，"漳州南边郡，闽乡到此穷"，但穷归穷，风俗依然竞奢华、重排场。"杯盘萧鼓里，灯火绮罗中"，"良宵上元节，纨扇已摇风"。每逢时节，地方士人都要循例向官吏送礼，而且礼物甚丰。王祎带头严拒。漳州地方产绣，而王祎一袭素衣，不着锦绣，不尚奢华。在他的影响下，地方风俗也随之一变。

《元史》封面

洪武二年（1369 年）二月，成立元史局于天界寺，以中书左丞相李善长为《元史》监修，宋濂、王祎为总裁。王纬奉诏归京，漳州百姓依依不舍，道路为之堵塞。王祎一再谢免，但送行者依然跟进不止。王祎无奈,只得对送行者高声说:"有再进者,非吾民也。"这时送行的人又说:"以前到此地来当官而有善政者,临走时,一定要请他留下一两件衣物,写上他的官衔与姓名,放在府署里面,以表遗爱。大人到此为官,刚满一年,就使此地积年的疮痍一一去除,善政颇多,因此敢请有所遗留。"王祎说:"感谢漳州父老对我的隆情厚意,为官的善与不善,全在百姓心里,留物于官舍,沽名钓誉,我不愿为。"

洪武五年(1372年)正月初五,朱元璋下诏由时任翰林院待制的王祎持节出使云南。由于云南地区的历史、地理原因,此行凶多吉少。朝廷大臣多为王祎担忧,而王祎则义无反顾,昂然就道,于六月到达云南昆明。六年(1373年)十二月二十四日,王祎为国家一统大业血洒云南,慷慨就义,终年52岁。

建文元年(1399年)二月,建文帝下诏,赠王祎翰林学士、奉议大夫,赐谥号"文节"。正统六年(1441年),重新赠王祎翰林学士、奉议大夫,赐谥"忠文"。后世遂以"忠文"称王祎。

王祎为国家一统,慷慨不屈,殉国云南,迄今已600余年。诚如前人所言,文章节义,两者俱兼,千古不朽,英名永传。清末著名的文献学家胡凤丹赞曰:"吾儒读圣贤书,欲以辅世翼教,楷模人伦,则文章节义二者均不朽。而兼此者,或代不数人,或数代不得一人,盖其难也。吾于忠文见之矣。"

翟溥福

姓　名	翟溥福	字　号	本德、慎庵
生卒年	1381—1450	出生地	广东东莞
朝　代	明	职　官	南康知府

　　白鹿洞书院碑廊内有一通青石碑刻《重建
白鹿洞书院记》,上首呈圆弧形,周边阴饰如意
卷云。篆额,正文楷书;高 2 米,宽 1 米;27 行,
970 字。此碑为正统七年(1442 年)由明国子监
祭酒胡俨撰写的记事碑,主要是褒扬南康知府
翟溥福重建白鹿洞书院之功德。

　　翟溥福,本名翟溥,字溥福,又字本德,别号
慎庵,广东东莞人。洪武二十六年(1393 年),
翟浦福与罗亨信同入邑庠,受业于司训黄先生,
永乐元年(1403 年)领乡荐,会试礼闱,次年与罗亨信同登进士

翟溥福

第，授任青阳（今属安徽）知县。七年（1409年）丁母忧。起复之后，调任新淦（江西）知县。九年（1411年）通过政绩考核，执政者评其诗文曰："抚字有方，词章可录。"于是复任。宣德元年（1426年），入京升任刑部主事。宣德六年（1431年）丁父忧。服阙还朝，晋升为员外郎，为刑部尚书魏源所器重。

正统元年（1436年）七月，朝廷诏令举荐廷臣为州郡太守，经监察御史、江西建昌人魏源荐举，翟溥福出任南康知府，辖星子、都昌和建昌三县。

翟溥福到任前两年，南康府连续水旱灾荒（同治《南康府志》载：宣德八年水灾，九年旱灾）。灾民无以为食，为了维持生计，只好涌入富家抢夺谷米。前任知府非但不赈济灾民，反而与乡绅一道逮捕百余灾民，以强盗罪论处。翟溥福到任后，体恤百姓之难，通过反复调查，将关押灾民施以杖刑或责罚后予以释放。

南康府素有"南国咽喉，西江锁钥"之称，赣江、抚河、饶河、信江、修河五大水系在此汇合，然后注入湖口。由于此地水路畅通，交通便利，故古代贡品、茶叶、瓷器、粮食、药品、盐巴、布匹等漕运物资往返于此，但又时常遭遇风浪侵袭。为了防止往来舟楫发生事故，历任地方官员都很重视南康府城南紫阳堤的修建。

紫阳堤始建于北宋元祐年间（1086—1094年），知军吴审礼"构木为障"，但由于以木为障，难以抵挡风雨的侵袭，十余年就废弃了。崇宁四年（1105年），知军孙乔年改用麻石，筑长堤500余米，堤内又疏浚两个"内澳"，为小船停泊之所。淳熙六年(1179年),朱熹发动南康府百姓以及地方士绅赞助募捐筹钱,全面维修石堤,后改名紫阳堤。嘉定九年(1216年)知府陈宓,召集饥民筑堤。淳祐二年(1242年)张虑知南康军,又修紫阳堤。

到了正统元年(1436年),紫阳堤作为当时南康府的一项重要水利工程,已经年久失修,多处坍毁破损,石块松动,亟待修缮。翟溥福上任不久,便果断决定重修,率民众筑石加固百余丈,使得紫阳堤在此后的几百年间继续发挥作用。如今,残存的紫阳堤依旧坚固,并已列入全国重点文物保护单位,成为鄱阳湖畔的一处胜景。

紫阳堤

翟溥福在南康知府任上,赈济灾民,体恤百姓,修缮石堤,政绩斐然,为当地百姓所称颂。但是,他的最大贡献是兴文重教,重修白鹿洞书院,其功绩不亚于朱熹之振兴。

白鹿洞书院隶属南康府,坐落于庐山五老峰东南麓,因南宋理学家朱熹振兴,制定《白鹿洞书院揭示》,声名愈振,被誉为"天下书院之首""海内书院第一"。

受朱熹理学思想影响,历朝皆重视白鹿洞书院,极力推荐政事与文章兼优的官员赴南康主持军政事务。这些官员都将兴复书院、培育贤才视为己任。他们或延请名师,或清理洞事,或派府县两学教官轮管督务和讲学,由此薪火相传延续不断。

但是从至正十一年(1351年)到正统元年(1436年)这85年间,白鹿洞书院一直处于荒废状态。特别是至正十一年,朝廷与刘福通的红巾军在赣北交战,鄱湖一带硝烟四起。白鹿洞书院惨遭侵袭,森林植被、建筑、碑刻损毁严重,书籍、档案基本荡失。

翟溥福赴白鹿洞凭吊先贤遗迹,眼前一片荒芜,思绪万千,长叹道:"前贤讲学之所,乃废弛若是,岂非吾徒之责哉!"这是朝廷的悲哀!儒士的耻辱!他欲尽微薄之力,使"白鹿洞书院之名复闻于天下"。

然明初朝廷规定,从中央到地方必须设立官学,置书院于官学之外。朱元璋诏令"诸旧书院以不隶于官""改天下书院山长为训导,书院田皆令入官"。在这种情况下,白鹿洞书院自然也没有官府的经费支持,因此一直处于荒废状态。

翟溥福为了重振书院,首先召集府县官绅,共商重建事宜。他积极倡导,率先捐款,南康军民立即响应,出资出力。特别是叶刚、梁仲、杨振德三位义士更是"闻风而兴",慷慨解囊。从正统三年(1438年)七月到十二月,仅用半年时间,重建工作便落下帷幕,白鹿洞书院再度成为读书人心中的"圣域""贤关"。

　　翟溥福从礼圣殿、大成门、贯道门入手,再维修明伦堂、两斋、仪门、文会堂、先贤祠以及燕息之所,建屋宇若干间。他主要兴修了白鹿洞书院建筑部分,力图恢复书院的宋元原貌,但所建殿宇又有所不同,略有改变。如礼圣殿兴建时,翟溥福易名其为大成殿,又于殿左立三贤祠。

　　白鹿洞书院重建完工后,翟溥福"延师训其子弟,朔望躬诣讲授"。"永乐二年(1404年)进士汪康,星子人,由临川归乡,主讲白鹿洞书院。"翟溥福本人每逢初一、十五也亲临书院讲学,为诸生传道、授业、解惑。

白鹿洞书院礼圣殿

　　翟溥福之重建与振兴,奠定了白鹿洞书院明清以来的基本格局。正统七年(1442年),监察御史张谦巡视南康,对翟溥福倍感赞赏:"能兴文教,郡守美事也。"同时,邀请国子监祭酒胡俨撰文立碑纪念。

《重建白鹿洞书院记》
中有：

余惟郡守者民之师帅，教化
者，政之先务，而狱讼征输簿书
期会不与焉。今溥福兴废举坠，
能为人之所不为，可谓达治本知
先务矣。然必有教之之师，养之
之具，拔隽髦而造就，乐菁莪而
长育，俾之知明诚之两进，与敬
议而偕立，志伊尹之志，学颜子
之学，庶不负先贤立教之本旨
也。他日有贤者，兴道明德，立
以嗣夫先贤之教者，则溥福今日
兴建实为之张云。

翟溥福任职期满，赴刑部以
考核其政绩，他以年老奏请准予

《重建白鹿洞书院记》碑刻

其辞职返乡。侍郎赵新曾巡抚江西，声称："翟君为此郡第一位
贤能守臣，不可让他离去。"溥福恳请辞官多时，才蒙允准。辞
别南康之日，父老乡民争赠金帛，他一概谢绝。民众挽船含泪
送别，后在湖堤边建生祠祀之。又配享白鹿书院三贤祠内，与
李渤、周敦颐、朱熹三贤并列。翟溥福这种天下为公、体恤百
姓、慷慨解囊、兴文重教之风范，非常值得我们去学习和深思。

田　琯

姓　名	田琯	字　号	希玉、竹山
生卒年	1533—1606	出生地	福建大田
朝　代	明	职　官	南康知府

　　星子城内历史文化古迹甚众,尤
其以城南紫阳堤最为著名,属全国重
点文物保护单位。一般都知道是为纪
念南康知军朱熹而取名"紫阳堤"。其
实,紫阳堤早建于北宋元祐年间
(1086—1094年),郡守吴审礼初以木
障以藏舟。崇宁年间（1102—1106
年）,郡守孙乔年改为石堤。淳熙七年
(1180年),朱熹着力大修,叠砌20层
花岗石条,内澳可容小船千艘。万历

田琯塑像

二十一年(1593年),南康知府田琯在紫阳堤东"补筑紫阳堤一百余丈,人呼为田公堤"。

田琯,字希玉,号竹山。嘉靖十二年(1533年),生于福建大田县三十五都梅岭村。当地百姓都很敬重他,称他为"兵备道大人""田琯公"。

隆庆五年(1571年),田琯中进士,授江苏吴县知县。据说田琯入仕后,为报答嫂嫂资助其读书的恩情,自己出资请人开了一条长达4里、宽2尺多的水圳,从永安县西华坂直到大田县三十九都三保林家厝边。因水圳的宽度刚好可放下一只簸箕,故称"簸箕圳"。这条三百多年前掘的水圳,至今清水长流,既方便了林家和附近乡亲的生活用水,又灌溉了百亩好田。当地百姓对开圳人田琯公至今感念不忘。

万历二年(1574年),田琯调任浙江新昌县知县。田琯一到任,便体察民情,整顿吏治,革除时弊,使新昌民风焕然一新。田琯了解到水利灌溉工程孝行砩年久失修,严重影响当地农业生产发展,便立即组织修建。过去因分水不均,管理不力,以致其严重损毁,使灌区不断缩小,许多农田因此荒芜。为此,田琯亲自制定均水法,革除"小民修渠,势家得水"之弊,保障了大多数民众的利益。他还捐出自己的部分俸禄购置10亩田作为"浚渠费",使孝行砩有了正常的维护经费。

万历七年(1579年),田琯为振兴新昌文教,编修《新昌县志》十三卷,特聘"淹贯经史,为文直抉理奥,声名重一时"的著名学者吕继儒参加编修,田琯调离新昌时,新昌百姓感激田琯为他们所做的好事,特在城中为田琯画像立祠。田琯因在新昌任上政绩卓著,擢升为南京户部主事,不久又迁员外陟郎中。

万历十七年(1589年),田琯与江西提学佥事朱廷益等修葺白鹿洞书院,增置学田,聚徒讲学,并聘南昌名士章潢主洞。

万历十九年(1591年),田琯出任江西南康知府。二十年(1592年),田琯重修《白鹿洞书院志》十二卷,并为之作序,委任星子训导、主洞周伟担任主编。二十一年(1593年),田琯在紫阳堤东补筑紫阳堤,长100余丈,高20余尺。有石桥与紫阳堤相连,桥下有3个拱洞,每个拱洞大小不同,方便船只出入。田公堤东边还有个俗称东闸头的闸口,自北而来的船只从此处进入泊港。紫阳堤西边也开了个小口,自南而来的船只从此处入港避风。紫阳堤是中国古代水利史上的伟大杰作,工程雄伟,造型独特,是我国现存最早、保存最完好、功能最齐全的湖泊商铺码头。可惜在二十世纪末,将田公堤内澳填塞,用作货运码头。

紫阳堤

南康府北面有座颜家山，唐代大书家颜真卿游历于此，喜爱此地风景秀丽，遂在此筑室。唐末颜氏裔孙颜翊率子弟30多人到白鹿洞讲学。南宋朱熹受命知南康军，曾报请孝宗皇帝批准，筹款在此建屋。田珀出任南康知府后，在鲁公旧址建成侯亭，并奉旨清查先贤遗迹，修建北帝庙祀奉颜真卿及其裔孙颜翊，把收集到的香火钱用于白鹿洞书院的开支。

田珀在南康任期满后，调任云南兵备副使，统管贵州普安、四川东川一带兵备，整饬曲靖、寻甸、马龙、沾益等州县兵马。由于田珀为人刚正不阿，不肯依附权贵，因此得罪了一些达官贵族，被调任广西布政司参议，分守右江道。后又改任云南副使，分守洱海道。

田珀在官场几十年，渐渐感到十分厌倦，便决定辞职还乡，再举不就。万历三十四年（1606年），田珀卒于家中。朝廷诰封他为文林郎、承德郎、中宪大夫及中议大夫。

田珀精通理学，著有《雪心赋注》《地理直说》《辩或意说》等书。他在任南康知府时，组织撰写《南康志》十二卷，成于万历癸巳年（1593年）。"门目虽繁，而条贯有序，犹舆记中之不甚猥杂者。"

熊维典

姓　名	熊维典	字　号	约生
生卒年	1599—？	出生地	江西建昌
朝　代	明	职　官	白鹿洞书院主洞

　　熊维典,字约生,建昌人,生于万历二十七年(1599年)。崇祯四年(1631年)进士,官兵科给事中。及早自请去职,数十年足不入城。他豪旷仗义,于书无屏不窥。退休后,载酒问奇字者,每日盈门,皆为详据指示。凡游踪所涉名胜,辄文记诗吟,其一字若千金。

白鹿洞石鹿

　　顺治十年(1653年),江西巡抚蔡士英会同南康知府李长春等对庐山白鹿洞书院加以修复和整顿,清查书院旧有田亩,倡增新田,制定规章条例,招生课试。蔡士英曾经聘请新建儒生杨益介主讲白鹿洞书院,因杨益介身体不适而未果。接着,蔡士英又与继任江西巡抚郎廷佐、知府李长春以及提学道杨兆鲁等人商议聘请进士熊维典、拔贡何大良任教。至顺治十四年(1657年),熊维典经再三推辞后赴白鹿洞书院就职。

白鹿洞书院最初无洞,嘉靖九年(1530年),知府王溱祭山开洞,并撰《新辟石洞告后土文》。洞为花岗岩砌,呈券拱形,高4米,宽4.15米,深6.35米。洞右有石台阶,拾级而上,可登思贤台。

嘉靖十四年(1535年),知府何岩雕石鹿置洞中,并作《石鹿记》:"自唐以来,白鹿洞名天下矣!然历世既远,则鹿弗存,而洞亦圮","是诚有名而无实出"。石鹿竖耳昂首,凝视前方,刀法简练。熊维典撰写《少司马大中丞蔡公重兴白鹿书院记》,至今石碑仍保存完好。

清康熙七年(1668年),真如寺住持元鹏禅师继其师晦山未竟之功,建成禅堂、方丈、千斋堂等建筑。与此同时,元鹏禅师还继承颛愚、晦山前辈遗愿,完成了《云居山志》的编纂,并请时任建昌县(今永修县)知县李道泰和明进士熊维典分别为是志撰序。

康熙十二年(1673年),熊维典参与撰修廖文英主修的《南康府志》。康熙十四年,熊维典参与修撰李道泰编纂的《建昌县志》,补撰明代李应升修订的《白鹿书院志》。

吴宝秀

姓　名	吴宝秀	字　号	汝珍、惺台
生卒年	？—1600	出生地	平阳河前
朝　代	明	职　官	南康知府

　　两月匡庐作主人,愧无些德及诸君。

　　攀号劝酒空挥泪,五老峰前锁暮云。

　　这是明代南康知府吴宝秀被冤押到江
州(今九江)渡口时,看见沿途百姓自发地
跟随槛车走到浔阳江边,不禁感叹赋此
一绝。

吴宝秀

　　南康义民但宗皋进酒道:"慷慨捐生
易,从容就义难。万代瞻仰于明公者,就在
此行。"吴宝秀道:"我平生所学何事? 即使不能如周文王演
《易》于羑里,也该学范滂不祭皋陶。"遂一饮而尽,托但宗皋为

其夫人陈氏作传,并安慰受累的县令吴一元等不要作"楚囚相泣状"。现场悲壮,其情哀哉!

吴宝秀,字汝珍,号惺台,平阳河前(今浙江省苍南县龙港镇湖前社区)人。自幼聪颖,9岁在舅舅家,夜见隔着竹篱有火光,舅舅借此出句命对:"火照竹篱千孔子",吴宝秀随口就对出:"风飘纸画一张飞",令人惊奇不已。

万历十七年(1589年),吴宝秀考中进士,授官大理寺评事,后任寺副、寺正,为官清正廉洁,"不以丝毫物情私意错其间",有余暇就闭门读书,安贫乐道。

万历二十六年(1598年)冬,吴宝秀出任江西南康知府。此地地瘠民穷,狱讼特别多。吴宝秀上任两个月不到,"收滞狱,诘奸慝",梳了历年积案,处分了一批猾吏豪强。他重视发展民生,体恤民情,把不该加在百姓头上的税费一概去尽。因此,声望大孚,深得人心。

神宗朱翊钧为了缓解财政危机,于万历二十四年(1596年)在全国矿山以及要道设卡收税,税吏由派遣太监担任,不受当地官员节制,直接对皇帝负责,因此权力通天。

吴宝秀性格刚硬,疾恶如仇,上任之初,湖口税监太监李道私下送礼要与吴宝秀结交,但吴宝秀不收礼,也不去答谢。知情者劝吴宝秀不要得罪掌权小人。但是吴宝秀以前贤自励,说:"丈夫死则死耳,未到古人佳处,那得辄以独吊张让自解免?"李道见吴宝秀非但不给面子,还将他比作东汉祸乱朝纲的太监张让,从此在心中埋下了报复的种子。

不久,南康府运送物资的漕船回经湖口,没有停下来接受检查。李道却要截住勒索，派遣兵卒急起直追，因遇大风而翻沉，死了好几个人。李道气急败坏，通报吴宝秀，要求交出漕船士卒，还扬言要抓捕附近的渔民百姓担责。吴宝秀知道如果交出士卒和百姓，他们绝不会有生路，就对李道的命令置之不理。李道便向神宗参劾吴宝秀犯了"抗旨匿税"的死罪，还顺便把星子知县吴一元、青山巡检程资也牵涉进去。

吴宝秀押京图（网络资料图）

万历二十七年（1599 年）二月，神宗下诏逮捕吴宝秀等一干钦犯进京。消息传到南康后，全府百姓震惊不已，纷纷聚集在府堂前。吴宝秀一家老小相抱痛哭之时，而吴宝秀却正襟危坐大厅，神情泰然地等待钦差上门。吴妻陈氏恳求随夫进京，生死与共。但吴宝秀劝她带家人回老家"扫先人丘墓"。陈氏无可奈何，只好将家中余资和簪珥放入一个小布囊，交给了三位侧室，并交代她们带好孩子，她自己就在当夜悬梁自尽。次日清晨，城中居民闻讯后，数千人围尸痛哭。南康义民但宗皋的母亲听闻后，命儿子送来一副原给自己准备的上好棺材，送陈氏入殓。

吴宝秀被投入锦衣卫掌管的诏狱后，受尽百般折磨。据但宗皋《南康郡侯陈夫人合传》载，吴宝秀的不幸激发朝野良知之士的同情。星子县义民陈英相约南昌儒士熊应凤、同县熊烺一起上京申诉冤情，但宗皋替他们写了奏疏，拿出30两黄金给他们做路费。陈英一行徒步到皇城鸣冤，愿意以己身替换吴宝秀服刑。朝中给事中杨应文、监察御史徐兆魁、巡抚夏良心、都御史温纯、右军都督定国公徐文璧等纷纷上书相救。大学士赵志皋正居家养病，认为"南康守吴宝秀逮系时，其妻至投缳自尽，阖郡号呼，几成变乱。事关民生向背，宗社安危"，"不敢以将去之身，隐默而不言"，为此上言神宗，请求释放吴宝秀以宽民心。但神宗一概置之不理。

有一天，司礼太监田义于心不忍，收集所有疏奏，送到神宗案头。神宗见状勃然大怒，把奏疏推到地上。田义从容拾起，又叩头说道："辅臣赵志皋、沈一贯等跪候朝门外，皇上不给予答复，他们不敢退去。"神宗这才稍作平息，无奈看过奏疏后，令交刑部狱审理。后来皇太后听闻陈氏上吊之事，也规劝神宗皇帝。是年九月，恰逢白昼出现太白星，众臣借天象有变再次上奏，请求释放吴宝秀。神宗害怕得罪上天，"诏刑部所开囚犯……吴宝秀、吴一元、程资褫职"。这才开释吴宝

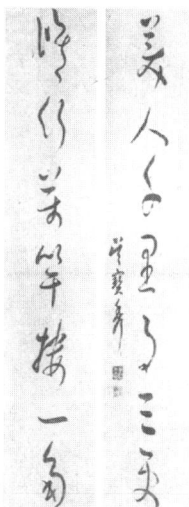

吴宝秀书法

秀、吴一元等人，但都被削职为民，放归田里。是年冬，作恶多端的李道也被人弹劾撤换了。

吴宝秀获释后写了一首诗，并题于扇面，托人带给好友但宗皋，以报平安，诗中夹杂着无奈与悲愤：

嗟予试郡日，中涓乃为政。

漕卒卷输归，扬帆触枭獍。

飞章波下吏，群公未及诤。

传闻缇骑来，席藁待严命。

保境臣之职，抱关未闻令。

谁知风波起，仓卒舟人竞。

悲哉闺中妇，上方无路请。

抛儿任刚肠，殉夫自天性。

……

吴宝秀经受此番折磨，一贫如洗，身体更加虚弱。他回到家乡平阳河前县城后，依仗家中女眷纺织度日，第二年就病故了。

南康士民感激恩德，特建祠庙以祭祀吴宝秀及其夫人陈氏。直至明熹宗天启年间（1621—1627 年），吴宝秀才获平反，被追赠太仆少卿，并荫及长子吴凤起，录为刑部员外郎。后其子吴凤起等编集其父事迹及赠、挽诗文为《横阳吴惺台忠烈遗踪集》。

王养正

姓　名	王养正	字　号	圣功、蒙修
生卒年	？—1645	出生地	江苏泗州
朝　代	明	职　官	南康知府

　　明末抗清比南宋抗元更为激烈,死节英雄志士甚众,全家殉国死节者不计其数,南康知府王养正就是其中之一。

　　王养正,字圣功,又字蒙修,江苏泗州人。崇祯元年(1628年)进士,授海盐知县。其父逝世,王养正辞官服孝,三年后重新任职,知秀水(今浙江嘉兴城北)县。后补河南按察司照磨,再迁江西南康知府。时有巨寇邓毛溪、熊高等率一方无赖结伴成匪,骚扰民众,袭击官府。王养正到任后,设计歼之,平定匪患,民众拍手称快。

　　崇祯末年(1644年),李自成攻入北京,皇帝朱由检自缢煤山。继而清兵入关,占据北京,始建大清,年号顺治。大明朝风烛残年,摇摇欲坠。凤阳总督马士英等拥立明室后人朱由崧至南京,建都称帝,亦称南明小王朝。福王主政时,王养正晋升为江西按察司副使,分巡建昌。

顺治二年(1645年)初,摄政王多尔衮指派亲贵重臣,各自领兵征剿明军,攻城略地,席卷南疆。命都统谭泰为征南大将军,都统和洛辉自江宁赴九江,耿仲明、尚可喜专攻江西、广东。五月,清兵大军直下江西,攻占九江。左梦庚战败降清,诸将相继率兵北去,清兵继而克南康、饶州。六月,南昌巡抚旷昭弃城逃走,跑到瑞州,其他诸城也都望风溃败。

清兵大军逼近建昌,却遇到建昌守军的坚强抵抗。当时坚守建昌的是湖东巡道王养正,与布政使夏万亨、知府王械、推官刘允浩、南昌推官史夏隆、奉益王起兵等,带领城内守兵和民团,居城拒守,誓死保卫。

王养正站立在城楼上,只见清兵蜂拥而至,黑压压一片。他大声说道:"我等乃大明臣子,生为大明守节,死为大明献身,不做苟且偷安之事!为了建昌百姓,我等决意死守,与建昌共存亡!"

于是,他和布政夏万亨、知府王械、推官刘充浩四人各自率一部分守城兵士、民团,分别把守东西南北四座城门,将滚石、檑木、刀枪、长矛、羽箭、钉球等统统搬运到城墙之上,严阵以待。

清兵都统谭泰指挥清兵开始攻城。王养正沉着应战,待清兵至城墙之下,只见滚石、檑木、炮弹、矢石,犹如雷霆暴雨,打得清兵慌忙退去。如此反复,一日四次,城池安然。

坚守到第三天,储备所剩无几,人员伤亡严重,形势日益危急。为了城内百姓的生命安全,防止清兵夜间偷袭,王养正做了倘若破城的最坏打算,将老弱妇幼转移至庙宇、学堂,白天拼死击退了清兵的几次进攻,直到傍晚时分,清兵方才退去。

王养正望着城外硝烟弥漫,血流成河,城内兵士精疲力竭,饥寒交迫,有的斜靠着城墙休息,有的咬牙包扎伤口。他不由得心头一酸,眼圈一红,泪流面颊,随口吟诗一首。曰:

男儿有泪不轻弹,脖项架刀又何然?

此去九泉谒太祖,持刀护佑大明山。

到了半夜时分,突然城楼上有人用火箭射向天空,接着城外火炬通明,清兵一齐向城门涌来,蜂拥而入。原来城内有内应,已先打开了城门。王养正、夏万亨、王栻、刘允浩、夏隆等皆被执。经过南康时,士民以王养正前为南康守有恩,奔走号泣,请贷其死。

谭泰见到王养正,抱拳躬身,诱劝他效仿洪承畴、吴三桂,归顺大清,大展宏图。王养正昂首说道:"我大明臣子,岂能与你贼寇同流?要杀要剐,悉听尊便!"

王养正、夏万亨被押至南昌,同赴刑场。谭泰令其跪下,王养正断然拒绝,昂首挺胸,走上断头台,高声吟诗一首,诗曰:

男儿膝下有黄金,义士岂能跪贼人。

即便残身碎万段,英魂一缕上天庭。

王养正从容就义后,其妻张氏闻难后,绝食九日而死。其妾谢氏在盱眙守节终身。其子王赞育,奔走数千里,将父亲骸骨背负回盱眙,葬于城南义井(今穆店乡团结村),并在墓旁草庐守孝三年。从此,王赞育终生身穿缟素,抚育其弟长大成人,且世其家学,著有《易灯诗》《说商书》《解农书》《芦濑诗草》等。

王养正有《四逸园汇记》一书传世。其孙王鹗来也有《博山亭集》传世。乾隆年间(1736—1796年),乾隆帝念王养正忠烈可嘉,赐其谥号"烈愍公",并下令修葺其墓,重竖墓碑,镌刻"王烈愍公养正之墓",以示敬重。

据史料记载,明末抗清殉国死节者不计其数,后来追谥的有姓名可查的就有4600多人。他们大义凛然,就义前慷慨赋诗,表现出强烈的丹心忠义和民族气节,前所未有,感人至深。

廖文英

姓　名	廖文英	字　号	百子、昆湖
生卒年	不详	出生地	广东连州
朝　代	明	职　官	南康知府

庐山白鹿洞书院是我国历史上最早的书院，在中国教育史上占有特殊的地位。南康知府廖文英曾两度执掌白鹿洞书院，对这所著名书院的发展做出过重要的历史贡献。

白鹿洞书院

洞门烟霭接林丘，五老云霄互献酬。

未觅青牛到洞外，早寻白鹿过山头。

虚堂夜气操存重，叠嶂松风襟带收。

圣泽泉边澄澈水，欣从洙泗溯源流。

这是廖文英执掌白鹿洞书院时留下的一首诗——《白鹿书院》。

廖文英,字百子,号昆湖,广东连州人。出身于书香门第,自幼聪敏好学,博览经史百家。及长,游学于京师、江南各地,究心理学,多有所成。时人赞其"自炫学成,出与海内贤豪游,一时辞章气谊相雄长者,见先生辄自退逊"。

崇祯十二年(1639年),廖文英被选为拔贡。次年春,授南康府推官,执掌刑狱等事务。他执法公允,审刑严明,为吏民所折服。同年,奉江西提学参议侯峒曾檄,兼理白鹿洞书院。廖文英"以兴教为己任",精心管理,亲执教鞭,讲课授业。

廖文英担任推官期间,鄱阳湖周边连年遭受水旱灾害,南康府各县灾民面临饥荒。知府王养正到任之初,对地方情况尚未熟稔。廖文英主动出面处理赈灾事务,深入民间调查灾情,及时向上申报官钱。同时,向当地豪绅发起募捐,并张榜公示筹集到钱物,很快帮助四县灾民度过了饥荒。

崇祯十六年(1643年),星子土目湖接连发生航运伤亡事故。有人说是湖怪作乱,有人说是盗匪逞凶,一时人心惶惶。廖文英受王知府委派,亲临实地悉心查访,发行原来航道中有一礁石,民称鹞子石,常随湖水隐没。外地船只由于不熟悉航道,往往造成船毁人亡的惨剧。每当发生沉船事故,也确有少数人以救溺为名,劫捞钱财。

廖文英查清案由后,严惩肇事者,并捐银数百两,铸成"济溺铁柱",高一丈四尺、重达三万余斤,立于礁石上,作为航行标。从此,过往舟楫无有出事者,船民皆称颂廖文英。都昌籍员外郎余忠宸特作《铁柱记》,以记其事。廖文英后又捐修杨柳桥,以便商民往来,百姓慕其清廉,改名为"清风桥"。

是时,明朝风雨飘摇,社会动荡不安。清军势如破竹,江南相继失守。廖文英率吏民士绅抢修加固星子、安义等县城,做好保境安民的准备。同时积极筹运粮草,支持兵部尚书史可法坚守扬州。因督运粮草有功,廖文英晋升为袁州(今江西宜春)府事。

顺治二年(1645年),江西陷落。两年后,连州亦降清。但战争仍在延续,因为南方数省反清复明义士异军突起,拥立南明政权与清廷抗衡。廖文英从袁州任上回到故乡后,立即投入反清复明斗争,召集乡民再与清军较量。他在南明朝廷中出任过湘粤巡抚兼监军副使、监军御史等要职,前后达十余年之久。无奈大势已去,他已无力补天。

顺治十一年(1654年)冬,面对明亡清兴的冷酷现实,为解救乡民战乱之苦,免于惨遭洗劫,廖文英抱着壮志难酬的痛苦,悽然地率部降清。清廷大臣洪承畴知其才学,便留他"效用军前"。次年,洪承畴委派其前往湘、粤、桂边界大瑶山,劝降瑶民归降清朝。

顺治十四年(1657年),在丞相洪承畴的举荐下,廖文英以"才品素著,招抚有功"的优势,补受衡州府(今湖南衡阳)同知。上任伊始,他着力平息内乱,打击豪强,废除苛政,招抚流民,鼓励生产,使社会治安迅速好转,民生状况得到改善。期间,他曾用重金购得学者张自烈编著的《字汇辨》书稿。

康熙七年(1668年)冬,以其政绩显著授予中宪大夫,令知南康府。廖文英重返前朝任地,感慨万千。物是人非,百废待兴。他首先抓住修桥补路、奖励生产、扶持商贾等关键环节,使社会各业逐步恢复和振兴起来。当年秋冬,他与星子县令率民开垦土地、扩充圩田,同时奏请朝廷免征三年田赋,极大地调动了乡民的生产积极性。到了第二年,共增新田1500亩。

南康府谯楼

康熙九年(1670年),廖文英开始整治南康府治星子县,先后修复了损毁严重的府衙谯楼、大堂、二贤祠、爱莲池。次年,又加固整修紫阳石堤和紫阳桥,在府学西侧新建了一座关帝庙。至此,南康府治面貌焕然一新,府库仓廪充实,百姓生活富足。

廖文英知南康府期间,再次兼理白鹿洞书院。他首次提出"白鹿洞书院是名教乐地,为天下第一书院",大力增置院田,开荒种植,清理田租,减免了南康府四县欠洞租银三分之二。

在迅速发展书院经济的基础上,扩建院舍,更新设施。他重订洞规,充实图书,又亲临讲课,与学生质疑问难,倡导诸生结社兴文,并为"尔云""观澜"两社作了序文。他积极组织开展会文讲学活动,聘请名士吴一圣、南京国子监生张自烈等学界名流等担任主讲,并精选师生诗文,刊刻行世,以扩展办学影响。自此,白鹿洞书院为之一新、声望重起,各地士子儒生纷纷慕名而来,成为清初全国重要的教育中心和学术文化研究中心。

《正字通》页面

在振兴白鹿洞书院的同时,廖文英对《字汇辨》做了认真的校订补充,改名为《正字通》,刻印后进献于朝廷,通过礼部鉴定,向全国推广。后来编纂的《康熙字典》,即以其为蓝本。康熙十二年(1673年),廖文英完成续修《白鹿洞书院志》十六卷及《田赋续志》一卷,重修《南康府志》十二卷。这三种志书流传至今,成为今人研究白鹿洞书院和庐山地区历史的重要文献。

潘志伊

姓　名	潘志伊	字　号	伯衡、嘉征、少东
生卒年	不详	出生地	江苏吴江
朝　代	明	职　官	南康知府

　　清朝乾嘉时期著名诗人、文学家袁枚在笔记小说《新齐谐》中写了一个《荷花儿》的鬼故事，说荷花儿与王奎是一对冤死鬼。其实，明代还真有一个冤死鬼——南康知府潘志伊。

　　潘志伊，字伯衡，又字嘉征，号少东，吴江平望镇下塘（今小西村）人。嘉靖四十四年（1565 年），潘志伊考中进士，授定州（今河北定县）知州。他到任后，改革吏制，取消官吏额外补贴，严肃驻军纪律，使境内保持安宁。三年后，他转南京刑部郎中，因奔母丧回家。

　　万历二年（1574 年），潘志伊起任刑部郎中。已故庆云侯周寿之孙、锦衣卫带俸指挥周世臣夜间被杀，巡捕张国维认定是家丁王奎与丫鬟荷花通奸,杀害了主人。潘志伊认为结论可疑,应暂缓发落。张国维便贿赂负责刑部的左侍郎翁大立的手下人,让翁大立催促潘志伊尽快结案。潘志伊与之僵持不下,乃移请其他司会勘。而该司郎中徐一忠等草率从事,当年秋天便将王奎处决了。

万历四年(1576年)冬,潘志伊到山东审案,继又任江西九江知府。此时京城捕获大盗朱国臣,朱国臣供称周世臣为他所杀。给事中周良寅等弹劾翁大立,结果翁大立被削职。潘志伊亦因没有把王奎一案办到底,降为陈州(今河南淮阳)知州。

白鹿洞古牌坊

万历十三年(1585年),潘志伊任南康(今江西星子)知府,尽复白鹿洞书院学田三十余顷。白鹿洞书院在元代末期,早已被战火所毁。直至正统元年(1436年),翟溥福任南康知府时,才开始修复。弘治年间(1488—1505年),苏葵任江西提学佥事,重修部分殿堂。弘治十一年(1498年),御史陈诠为书院收回学田数百亩,使书院得到恢复和扩大。

但好景不长,万历七年(1579年),"比江陵柄国,即首斥讲学,毁天下名贤书院"。因此,"尽改各省书院为公廨,凡先后毁应天府等处书院六十四处"。白鹿洞书院也在被废之列,虽然最终未遭毁灭,但被征去学田,变卖以充军费。此后,直至潘志伊任南康知府时,才收回学田,"重构堂庑,召集坐徒",也只能勉强维持而已。

万历十八年(1590年),潘志伊迁按察副使袁州(今江西宜春)兵备,开仓救旱灾。十九年(1591年),升太仆寺卿调陕西,恢复甘肃马政秩序。又二年,改任广西布政司右参政。潘志伊在陈州时,曾让提督学道孙丕扬处理某生员侵夺本家孤寡财产事。孙丕扬不仅不予处理,反而与潘志伊结下宿怨。此时,孙丕扬当上吏部尚书,在考核时重提王奎一案,借机报复,将潘志伊予以罢免。

潘志伊著有《山东问刑条议》《不遇纪事》等。

≫≫≫≫≫ 附录

新齐谐·荷花儿

袁枚

余姚人章大立,是康熙三年(1664年)中的举人,在家办了私塾教书。某天,忽然有两个厉鬼,一男一女,大白天的就现身了,抓住他的喉咙,把他推倒在地,他的双手高举着紧紧地靠在一起,掰都掰不开,就像是空中有绳子吊着他一样。然后章某说话了，先是一个女人的声音："我是荷花儿。"然后又是一个男子的声音："我是王奎。"都是北京口音。

家里人怕了，就问他："你有什么冤情？"

章某就自己回答说："这个章大立，前身姓翁，也叫作大立，在前朝隆庆年间是当时的刑部侍郎。而我们的主人是周世臣，官拜锦衣卫指挥使，家贫没有娶妻，只有荷花儿和王奎一奴一婢相伴。某天，有强盗冲进府中，杀害了主人，我们两人赶紧报官。官府就派一个姓张的把总(低级武官官职)来抓强盗，怀疑我们两个因为奸情败露而杀害主人。"

"刑部把我们抓去，严刑拷问，我们不胜荼毒，没办法只好往自己头上泼脏水，认了这桩冤案。刑部郎中潘志伊对此还有疑问，所以此案一直没有定下来。这个翁大立是当时的侍郎，听说后大发脾气，另外委派了刑部郎中王三锡、徐一忠再次审讯本案。这两个人也就迎合他的意思，就按照先前屈打成招的供词定案了。潘志伊努力争辩，依然没有办法改变判决。"

"于是我们两个就被判了剐刑，当众凌迟处死(即俗称的千刀万剐，将犯人一刀一刀地割下身体的各个部分，往往数日才死)。过了两年，抓到了真凶，天下人便都知道了我们两个的冤屈。事情传到宫里，天子也震怒了，就罢免了翁大立的官，把王三锡、徐一忠两个小人外派出京任职。请问，无辜民众受了凌迟这样的重刑，难道是撤职就足以惩戒的吗？我们就是为了这个来索命的。"

家人又问："那你们为啥不去找王、徐两个人报仇雪冤呢？他们才是直接害死你们的人啊！"

鬼回答说："这两个人，干的坏事更多，所以一个投胎变成了猪，另一个还在酆都的铁狱里锁着呢，我不必再去报仇。唯有这个翁大立，前身颇有清官的声望，官位又高，所以迟迟不能下手。今生他已经投胎三次做人了，禄位有限，所以才能报复。而且明朝末年，朝纲不振，气数已尽，阴间的鬼神官员也多数浑浑噩噩混日子。我们屡次告状都没用，不允许我们走出京城地界，哪里像今天大清盛世，连冥府的官员们也都洗心革面，各司其职了。"

家里人跪求说："要不，我们请高僧来为你们两个超度，怎么样？"

鬼就回答说："如果我们两个果真有罪，才需要高僧来超度忏悔。可我们两个没有丝毫罪过，哪里需要和尚来念经呢？况且所谓超度，不过是让我们早投胎转世重新做人罢了。我即便投胎做了人，遇到这个翁大立，也必定报仇，他也一定会死在我们两个的手里。话虽如此，但周围的人不知道此事的来龙去脉，我们和这个翁大立的恩怨又是几世之前的事情，虽然报了仇，却两边都不知道来历，不能为做官的人留一个警戒。所以，我们两个人每次听到阴司召唤我们投入轮回，都坚决不肯。等今天报了冤仇，也就可以安心地进入轮回了。"

说完，章大立自己拿起桌上的小刀，割掉自己身上的肉，一片片地落在地上。一边割，一边还用女声问道："这个，像是千刀万剐吗？"一会又用男人的声音问道："你也感觉到疼吗？"不一会儿，就血流满床而死。

李应升

姓　名	李应升	字　号	仲达、次见、石照居士
生卒年	1593—1626	出生地	常州江阴
朝　代	明	职　官	南康府推官

《明史·李应升传》载："士民服其公廉，为之谣曰：前林后李，清和无比。"前林，指明代林学曾，万历二十年（1592 年）进士，授南康府推官，以清慎著称。后李，则指李应升，万历四十四年（1616 年）进士，授南康府推官，律己清严，公庭如水。明朝推官为各府的佐贰官，除顺天府、应天府的推官为从六品外，其他府的推官为正七品，职责是掌理刑名、对官吏考绩。

李应升

李应升，字仲达，号次见，又号石照居士，明朝南直隶江阴人。万历二十一年（1593年）十一月二十八日生，因其出生时母亲"梦日升天"、父亲"梦日光耀室"而为其取名应升。

万历四十四年（1616年），李应升考中丙辰科进士一甲第五名，授江西南康府推官。他到任后处理了很多积案，救出无辜受害者19人，并免去其死罪。同时处置了一些阴险狡猾的恶人，判处死罪数人。当时九江、南康之间有柯、陈两大家族，相传有陈某犯罪，为陈友谅后裔，顽固强暴，拒绝逮捕，有司商议派兵前往镇压。可是，李应升单枪匹马前去告谕，结果都叩头听命，交出了所藏匿的罪犯，从此一方平安无事。

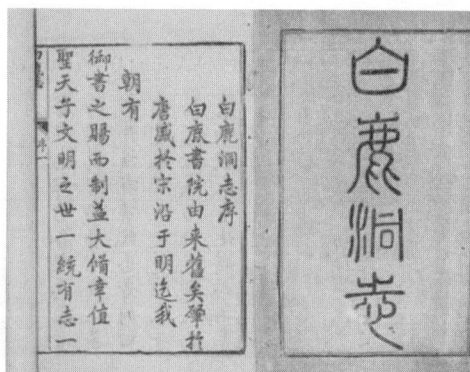

《白鹿洞志》页面

李应升在任期间，兴复白鹿洞书院，立馆舍召集人士。每当会期，他坚持亲诣洞宿，与诸生质疑问难，推明紫阳之教。一时从游学者千里应之，其成名于世者指不胜屈。

天启二年（1622年），南康知府袁懋贞请李应升主持白鹿洞书院。李应升重修《白鹿洞书院志》，请当时分守九江兵备左参议陆梦龙、知府夏炜分别作序。然后申请洞学科举，规定每遇岁、科考试时,经省批准给予书院肄业童生若干入学名额,从此使书院的教学活动与科举考试制度进一步结合。再者,设立讲会制度,旬有小会,月有大会,从而使白鹿洞书院既是聚徒式书院,又是讲会式书院。

天启三年(1623年)秋,李应升返回朝廷,升任西台御史。当时天子懦弱,政事懈怠松弛,李应升力陈改革时弊,抨击阉党暴恶。天启四年(1624年)密修阉党魏忠贤十六罪状,代东林党首领左都御史高攀龙作"骇崔呈秀疏",以声援杨涟等东林党人,遭阉党痛恨。天启五年(1625年),李应升又上呈魏忠贤七十二大罪,罢官归里。

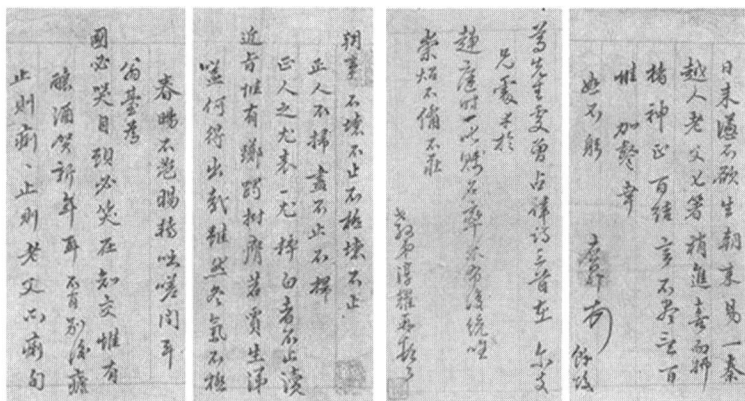

李应升行书手札

天启六年(1626年)三月,李应升遭诬陷被东厂逮捕,当时常州城聚集数万居民,为其鸣冤。当年闰六月初二日,李应升受尽酷刑,被害于京都狱中,年甫34岁。钱谦益为其作墓志铭。

崇祯初年（1628 年），李应升得以平反昭雪，追赠太仆寺卿，录其一子。福王时，追谥忠毅。

李应升还是个藏书家，藏书五万于"落落斋"。其子李逊之将其父所遗诗文杂稿整理刻印成《落落斋遗稿》十卷，后为《乾坤正气录》和《常州先哲遗书》所收入。

>>>>>>> 附录

汝生长官舍，祖父母拱璧视汝，内外亲戚，以贵公子待汝。衣鲜食甘，嗔喜任意，娇养既惯，不肯服布旧之衣，不肯食粗粝之食。若长而弗改，必至穷饿。此宜俭以惜福，一也。

汝少所习见游宦赫奕，未见吾童生秀才时，低眉下人，及祖父母艰难支持之日；又未见吾囚服被逮，及狱中幽囚痛楚之状也。汝不尝胆以思，岂复有人心者哉！人不可上，势不可凌。此宜谦以全身，二也。

祖父母爱汝，汝狎而忘敬；汝母训汝，汝傲而弗亲。今吾不测，汝代吾为子，可不仰体祖父母之心乎？至于汝母，更倚何人？汝若不孝，神明殛之矣。此宜孝以事亲，三也。

吾居官爱名节，未尝贪取肥家。今家中所存基业，皆祖父母勤苦积累，且此番销费大半。吾向有誓愿，兄弟三分，必不多取一亩一粒。汝视伯如父，视寡婶如母，即有祖父母之命，毫不可多取，以负我志。此宜公以承家，四也。

汝既鲜兄弟，止一庶妹，当待以同胞。倘嫁中等贫家，须与妆田百亩；至庶妹之母，奉事吾有年，当足其衣食，拨与赡田，收租以给之。内外出入，谨其防闲。此恩义所关，五也。

汝资性不钝，吾失于教训，读书已迟。汝念吾辛苦，励志勤学，倘有上进之日，即先归养。若上进无望，须做一读书秀才，将吾所存诸稿简籍，好好诠次。此文章一脉，六也。

（选自《李应升诫子书》）

李应升

戚蓼生

姓　名	戚蓼生	字　号	念功、晓塘
生卒年	约 1730—1792	出生地	浙江德清
朝　代	清	职　官	南康知府

　　凡研究《红楼梦》的人，几乎没有不知道戚蓼生的，但知道他曾任南康知府的恐怕不多。作为星子人，这么一个有名的红学家曾在这里当过一把手，知道的就更少了。

　　戚蓼生，字念功，号晓堂、晓塘，浙江德清城关人。乾隆三十四年（1769 年）考中进士，官封刑部主事，后升到郎中。三十九年（1774 年）任四川副主考，四十二年（1777 年）任河南正主考，旋调云南提督学政。四十七年

戚蓼生

（1782年）出任江西南康府知府，刚刚到任，又升任福建盐法道。乾隆五十六年（1791年）升为福建按察使。乾隆五十七年（1792年）冬卒于任上，终年62岁。著有《笠湖春墅诗钞》五卷，但现已失传。

戚蓼生一生为人洒脱，不修饰仪表，喝酒后喜欢骂人，但能力强，有理政才能，办公桌上没有遗留的公文，最后因劳累而死于官邸。这种为民尽职、死而后已的工作作风，深受其父辈的教育和影响。其父戚振鹭，任归德知府时，大修水利，曾开大涧沟，乡民受益无穷，称之为"大戚沟"。后其从叔戚朝桂任归德府永城知县时，又开小涧沟，乡民称之为"小戚沟"。此事在当地被传为佳话。

戚蓼生早年赴京应试购得曹雪芹八十回本《石头记》早期抄本，大为赞叹，书序一篇，对《石头记》的写作艺术推崇备至。戚蓼生不主张写续书，认为不全也无妨，其见解多为我国著名红学家俞平伯所赞赏："戚蓼生序向来不大受人称引，却在过去谈论《红楼梦》的文章中，实在写得好。"

戚序本
《石头记》

戚序抄本后在清末由有正书局石印发行，分订前后两部各四十回，用大字精钞，题为"国初钞本"，与程伟元排印、高鹗续写的百二十回本并行于世，分称"戚本""程本"。

戚序抄本是研究《红楼梦》的重要版本之一。由于戚序本是"红学"的重要资料，所以戚蓼生也就成为《红楼梦》研究者

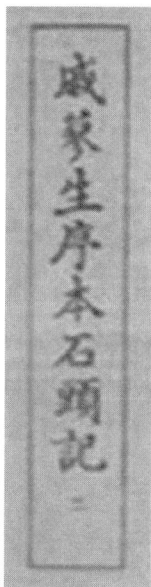

所熟悉的人物。戚蓼生为《石头记》所作之序,只有544字,但却十分精妙,非常经典,可以说是《红楼梦》的最好导读。红楼爱好者,如果想更好地理解红楼,应详细解读一下戚蓼生序的八十回带脂批的《石头记》,红学上称之为"戚序本",与其他版本有异同。戚序本文字典雅优美,文笔如行云流水,在《红楼梦》流传过程中产生了重要影响,至今为人们津津乐道。

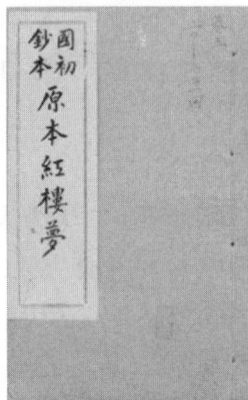

国初钞本《红楼梦》

戚蓼生任南康知府的时间很短,以他的才情与浪漫,对南康山水不可能没有诗文,只是无从寻觅。这历史的遗憾,令星子人叹惜。

≫≫≫≫≫ 附录

戚蓼生序

吾闻绛树两歌,一声在喉,一声在鼻。黄华二牍,左腕能楷,右腕能草。神乎技矣,吾未之见也。今则两歌而不分乎喉鼻,二牍而无区乎左右,一声也而二歌,一手也而二牍,此万万不能有之事,不可得之奇,而竟得之《石头记》一书。嘻,异矣。

夫敷华掞藻、立意遣词无一落前人窠臼,此固有目共赏,姑不具论。第观其蕴于心而抒于手也,注彼而写此,目送而手挥,似谲而正,似则而淫,如《春秋》之有微词、史家之多曲笔。

试一一读而绎之:写闺房则极其雍肃也,而艳冶已满纸矣;

状阔阅则极其丰整也，而式微已盈睫矣；写宝玉之淫而痴也，而多情善悟不减历下琅琊；写黛玉之妒而尖也，而笃爱深怜不啻桑娥石女。他如摹绘玉钗金屋，刻画芰泽罗襦，靡靡焉几令读者心荡神怡矣，而欲求其一字一句之粗鄙猥亵，不可得也。

盖声止一声，手止一手，而淫佚贞静，悲戚欢愉，不啻双管之齐下也。噫，异矣。其殆稗官野史中之盲左腐迁乎？

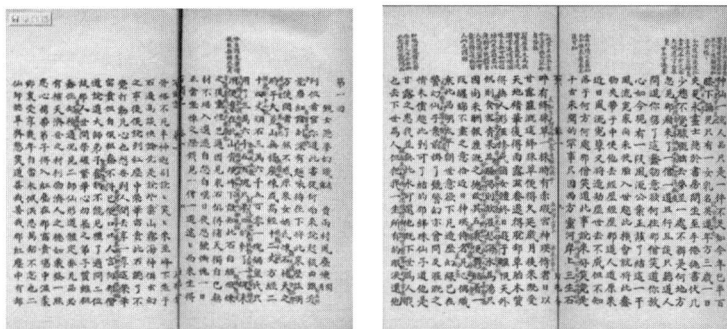

《戚蓼生序》页面

然吾谓作者有两意，读者当具一心。譬之绘事，石有三面，佳处不过一峰；路看两蹊，幽处不逾一树。必得是意，以读是书，乃能得作者微旨。如捉水月，祗挹清辉；如雨天花，但闻香气。庶得此书弦外音乎？

乃或者以未窥全豹为恨，不知盛衰本是回环，万缘无非幻泡。作者慧眼婆心，正不必再作转语，而万千领悟，便具无数慈航矣。彼沾沾焉刻楮叶以求之者，其与开卷而寱者几希！

张维屏

姓　名	张维屏	字　号	子树、南山、松心子
生卒年	1780—1859	出生地	广东番禺
朝　代	清	职　官	南康知府

姊妹石娟娟，回看锁碧烟。

云深僧梦稳，壁峭客身悬。

舄下走飞瀑，杖头开洞天。

文殊峰上立，孤塔共巍然。

张维屏

　　这是清代杰出诗人张维屏署理南康知府时写的《登黄岩绝顶》诗。从诗中仿佛可见一位年近花甲的老人，拄着手杖，一路攀爬，站立在文殊峰上，近观庐山瀑布，环境奇特，妙趣横生。那气势磅礴、声震如雷的瀑布就在脚下，回头看姊妹石已被碧烟笼罩了，再看通往黄岩峰的路壁峭山陡。即便在今天,如果没有强健的体质,想徒步登上黄岩绝顶,也是难能可贵的。

张维屏,字子树,号南山,因癖爱松,又号松心子,晚年也自署珠海老渔、唱霞渔者,广东番禺人。乾隆四十五年(1780年)出生于广州清水濠,其父曾任四会县学训导。他从小接受良好的家庭教育,少年时即以能诗出名,13岁名列番禺县童子试榜首。知县吴政达赞赏其才华,取《毛诗序》"南山有台,乐得贤也"之意赐名"南山"。

嘉庆九年(1804年),张维屏考中举人。首次进京赴考,却名落孙山。诗坛大家翁方纲阅其诗作,惊呼:"诗坛大敌至矣!"张维屏再度赴试时,翁方纲为他和黄培芳、谭敬昭三位岭南诗人之诗集作《粤东三子诗序》,从此"粤东三子"文名显扬。

张维屏首次落第返粤,与林伯桐、黄乔松、段佩兰、黄培芳、谭敬昭、孔继勋在白云山筑"云泉仙馆",

《听松庐诗钞》页面

为吟哦雅集之所。广州知府伊秉绶特为之书"七子诗坛"匾额。两广总督阮元曾邀张维屏等饱学之士到节署共商修文兴教之事,纂《皇清经解》,修《广东通志》,建学海堂等。

道光二年(1822年),43岁的张维屏四度会试,终成进士,署湖北黄梅知县。莅任第二年夏天,江水决堤。他乘小舟勘察水情,散发干粮赈灾,竟被洪水冲走,幸挂树梢而不死。老百姓

为之歌曰:"犯急湍,官救民,神救官。"

道光四年(1824年),张维屏调任广济知县,因不愿向百姓征收漕粮,引疾求退未成,调署襄樊同知。七年(1827年)返粤丁父忧;八年(1828年)举家迁回清水濠故里;九年(1829年)被聘为学海堂学长;十年(1830年)丁忧服阕,在北京同林则徐、黄爵滋、龚自珍等结"宣南诗社"。

道光十四年(1834年),张维屏署理南康知府,在庐山兴建了太白祠和东坡祠。他主持白鹿洞事,经常讲课,将自己的私人藏书赠送白鹿洞。以他的博学和诗名,吸引了远近无数学子。他开设了"匡庐诗课",将学子的优秀诗作编成《庐秀后录》。有《白鹿洞书院讲学记》传世。

张维屏为官清廉,勤政为民,曾有济世救民的愿望,终因不耐官场腐败,遂生"一官无补苍生,不如归去"的念头。道光十六年(1836年),他已57岁,告病辞归广州,赁居河南花地潘氏别业东园,名为"听松园",悉心著述讲学,游园吟诗。

道光十九年(1839年),钦差大臣林则徐奉旨查禁鸦片,一到广州,即邀张维屏共商禁烟大计。张维屏时任学海堂学长,又受聘主讲东莞宝安书院,出于维持宁静生活的愿望,奉劝林则徐"毋开边衅"。然而,不久英国侵略军发动鸦片战争的炮声粉碎了他的和平美梦。在广州人民英勇抗击英军的斗争中,张维屏以花甲之年的一介书生,创作了叙事长诗《三元里》,真实地记录了近代史上第一场人民群众反帝反侵略武装斗争的过程,展现了场面感人、壮丽的历史画卷:

三元里前声若雷,千众万众同时来。

因义生愤愤生勇,乡民合力强徒摧。

家家田庐须保卫,不待鼓声群作气。

妇女齐心亦键儿,犁锄在手皆兵器。

……

道光二十九年(1849年)三月初六,年届古稀的张维屏在听松庐冒雨检阅清水濠八百壮士操练时,用诗写出广州人民团结御侮的心声:

古云众志自成城,但执戈矛便是兵。

制胜可能收后效?预防都说有先声。

咸丰九年(1859年)九月十八日,张维屏病逝于清水濠,葬于广州城东北银坑岭,临终留下时人争传之绝笔:

烟云过眼总成空,留得心精纸墨中。

书未刻完人已逝,八旬回首惜匆匆。

偶堕尘寰八十年,飘然归去在罗天。

松溪花棣常游处,或者诗魂系画船。

张维屏少有诗才,闻名乡里。他给后人留下了丰富的文学遗产,著述十种,有《张南山全集》,其中《松心诗略》十集。道光末年(1850年)刻文有《松心文钞》十卷,还有《松心骈体文钞》《听松庐诗话》《艺谈录》《国朝诗人征略》等著作。《星子县志》(1990年版)收录了他在星子作的长诗《舟中望庐山作歌》。

张维屏多才多艺,既通医学,又精书法。庐山秀峰景区龙潭边的岩石上,有他镌刻的"不息"二字,一百多年过去了,至今仍清晰可辨。其精湛墨宝已与山水融为一体,深刻内涵依然激励着后人奋勇向前。

张维屏庐山秀峰石刻

≫≫≫≫≫ 附录

舟中望庐山作歌

张维屏

我从庐山来,衣裳尚有庐山之云烟。

浔阳郭外波连天,挂席却登江上船。

江上船开乍回首,庐阜峥嵘出南斗。

九派茫茫不可回,五老云中似招手。

何时天河水,飞下庐山头?

白虹倒挂三百丈,跳珠溅玉千载无时休。

紫霄峰上蝌蚪字,云是夏禹治水泊船之所留。

我思匡君兄弟七人结庐日,据此山胜其乐真足轻王侯。

秦王汉武求仙不到此,却从何处寻丹邱。

陶公苦乏济胜具,太白丹崖翠壑夙愿终难酬。

香山草堂虽云乐,青衫忽为琵琶愁。

古人如水流,青山向空立。

层岚吹尽江天高,捧出芙蓉千朵湿。

我行庐山阴,远望庐山阳。

香炉双剑递隐现,金楼银阙排空苍。

或为仙人或鬼物,或为狮象蹲伏,又或塞起同鸾皇。

最高之峰有如老人中立色不动,儿孙罗列拱揖奔走于其旁。

我从庐山来,又别庐山去。

昨梦山灵邀我乘铁船,导我饮甘露。

笑我乃似彭蠡湖边之飞雁,大风起兮不能住。

三石梁,九屏风,列真苑圃安能穷?

亘数百里青濛濛。

他时兴发远相访,定踏赤鲜骑白龙。

云中寄语五老峰,为我先镌长句丹崖东。

王以慜

姓　名	王以慜(mǐn)	字　号	以敏、梦湘
生卒年	1855—1921	出生地	浙江乌程
朝　代	清	职　官	南康知府

　　庐山第一高峰为大汉阳峰,海拔 1474
米。大汉阳峰顶上有一石砌平台名汉阳
台,据说在此可夜观汉阳灯火。峰顶有一
花岗石柱,刻有"大汉阳峰""庐山第一主
峰"及对联:

王以慜题刻

　　峰从何处飞来,历历汉阳,正是断魂迷楚雨;
　　我欲乘风归去,茫茫禹迹,可能留命待桑田。

　　此为王以慜题刻于光绪三十三年
(1907 年)四月。

　　王以慜,又名以敏,字梦湘,湖南武陵(今常德)人,晚清诗人。他生于咸丰五年（1855年）六月十四日，相传出生时，其父梦见神授宝玉，乃楚地之宝。其祖父王德宽曾任济南府同知，终至刑部员外郎；其伯父王成谦官山东道员，加布政使衔；其父王成升，官山东知县。由此缘故，王以慜小时候全家迁到了山东，济南是他的第二故乡。

王以慜手迹

咸丰十一年（1861年），王以慜年仅6岁，不幸的是其父在山西任上去世，他与兄王以懃由伯父抚养成人。同治十二年（1873年）顺天乡试，18岁的王以慜中举，金榜题名本是人生大喜，不幸的是却逢伯父去世。光绪二年（1876年），其兄王以懃登第，不幸的是翌年就病逝。王以慜十分悲伤，写下长诗《忆昔行寄兄子能东郡》，以表达对兄长的思念之情。后来王以慜在科场连连失意，七次会试落第。他担任山东巡抚张曜的幕僚时，放浪于明湖之滨，与《老残游记》作者刘鹗不期而遇，成为好友。王以慜在济南有很多文朋诗友，相互唱和，被文友誉为"明湖第一词流过客"。

光绪四年（1878年），王以慜应邀到沂州琅琊书院任教。光绪九年（1883年），他参加会试，因举子中有徇私舞弊者，他与龙阳易顺鼎等人"以言事贻书朝贵，卒中所忌，至举国目为狂生"，丢掉教习差事。光绪十四年（1888年），郑州段黄河决口，他入新任河督吴大澂幕；决口合龙后，又回济南入山东巡抚张曜幕，以求斗升之禄。

光绪十六年(1890年),王以慜 36 岁,终于考中进士,改庶吉士,授翰林院编修,曾任甲午甘肃乡试正考官,后为御史。官京邸九年,因不习"燕地苦寒",夫人陈氏不幸病逝。接着儿子传经"年逾冠而殁",儿媳朱氏相继而殁,孙子慎儿旋亦夭亡。王以慜遭受这一连串的沉重打击后,决意请求外放。他离京之际,填词一阕《少年游》:

慜于客春三月初十日以保送御史引见,今年乞外亦以是日出都。计自庚午应京兆试,弹指已三十年。婚宦两乖,妻孥俱丧。道出唐沽,感而赋此。

去年今日,五云楼阁,珂马共朝天。憔悴今朝,青衫素发,独上九江船。沤波旧社,棠梨新冢,生死两茫然。三十年间,华胥梦冷,清泪落谁边。

王以慜题刻

光绪二十五年(1899年),王以慜任江西瑞州知府,后改抚州知府。光绪三十三年(1907年),又改任南康知府,时游庐山,探幽访胜,得诗数百首,编《庐岳集》三卷。庐山卧龙潭石壁上有他留下的"神龙见首"四个大字,气骨遒举。归宗玉廉泉桥边崖壁上刻有他留下的对联:

荡胸生层云,炯如一段清水出万壑;
濯足弄沧海,上有六龙回日之高标。

宣统二年（1910年），王以慜重返济南，湖山依旧，人事全非，不禁感慨万千。内侄陈琪在大明湖设宴招待，王以慜即兴援笔填词。题记："六月十四日晨，诣铁公祠后，倚半日，赋《淡黄柳》一阕，即题祠壁，以志鸿爪。"词曰：

冲烟一笠，路转沙堤北，细雨垂阳侵晓色，不是樊川载酒，休话筝船旧相识。乱山积，高鬟媚无极，拥吟袖，绕苔石，问红香褪尽何人惜，后日江南，相思湖水，肠断王孙草碧。

王以慜题刻

时任山东知县姚鹏图将这首词书写刻石（现镶嵌在大明湖铁公祠楼西游廊北壁）。第二天，陈琪再次宴请王以慜，过隙生亦在座。过隙生曾任山东法政学堂监督，为陈琪上司，更是陈琪的挚友。民国二十四年（1935年），陈琪去世，过隙生作《明湖客影录》一文，追述了王以慜与陈琪、濮文暹、蒋智由等明湖过客的交游行迹。

王以慜为人伉爽任气，刚直不挠，议论古今事，多有创解。为官后虽锐意有所建树，但他耿介不能稀世，南北飘零22年，只能沉浮外吏以终。

民国元年（1912 年），辛亥革命爆发，王以慜弃官归田，易名文悔，字古伤，着道士装，息影林泉，过着退隐生活。他不再吟诗作词，郁郁于故里十年，非常怀念济南诸友，特别是刘鹗，还有女艺人白妞（王小玉）。

民国十年（1921 年），王以慜病逝，享年 67 岁。临终时遗命家人，不在墓碑上刻以官位，而署"清诗人王梦湘"。王以慜一生命运多舛，正如其挚友王乃徵所书《墓志铭》云："自言生四岁，即每寂坐工愁，自是毕生在坎壈中，是殆与俱来也。"

王以慜仕途蹇滞，却著述颇丰，著有《檗坞诗存》《檗坞词存》《庐岳集》等诗词集多卷，人称其诗才思横溢，天骨开张，深隐似杜少陵，婉转近白香山，词则追宗姜白石……后来陈琪将其诗集整理校订成四十三卷，版已刻成，却无人承印，存放济南，终未成书。后来，这些校订稿在二十世纪四十年代初辗转流落到北平隆福寺书肆，时在北京的过隙生目睹书稿，"惊惋不敢问来历矣"。

"凡鸟偏从末世来，都知爱慕此生才。"作为南康府倒数第二任知府的王以慜纵满腹才情，但身处晚清逢末世，只能令人扼腕叹息。

毛德琦

姓　名	毛德琦	字　号	心斋
生卒年	不详	出生地	宁波府鄞县
朝　代	清	职　官	星子知县

毛德琦,号心斋,浙江宁波府鄞县（今浙江宁波鄞州区）人。由监生捐贡。康熙三十一年（1692年）,遵例招民以知县用,三十五年（1696年）八月,选授广东始兴县知县。四十七年（1708年）九月,离任终养。

康熙五十三年（1714年）三月,毛德琦服丧期满,补授江西星子县知县。毛德琦受职前,康熙接见后认为"此人去得"。康熙认为星子县是朱子讲学

毛德琦编《庐山志》页面

之地,非能人不可为此处县令。

　　毛德琦来星子后,"廉明有惠政,以兴废举坠自任",修府学、县学,修书院,重修谯楼,治理蓼花池,修纂《庐山志》《白鹿洞书院志》,政声大著。

　　康熙五十四年(1715年),毛德琦奉委协理白鹿洞书院事务,课士评文,修葺房舍,清理田亩,整复规制,重修书院志。康熙五十八年(1719年),《白鹿书院志》修成,首入《四库全书》。巡抚白演、学政王思训等作序,志分形胜、兴复、沿革、先献、主洞、学规(包括讲义)、书籍、艺文(包括记、书、诗等)、祀典、田赋十部分,共十九卷。

　　康熙五十九年(1720年),毛德琦重编的《庐山志》由顺德堂刻本成书,版心下方印有"顺德堂",附地图多幅。此志十五卷,分星野、舆地、祀典、隐逸、佛释、物产、杂志、宰祥、山川、艺文十门,尤以山川最为详尽,分十二分纪,细述各条登山线路,沿

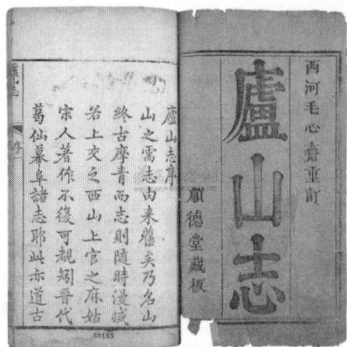
清康熙精刻本《庐山志》

途景致皆尽揽入,令读者恍惚若置身其间。庐山素有"匡庐奇秀甲天下"之美誉,故历代为其撰志者大有人在,明代桑乔曾撰《庐山纪事》十二卷,康熙时吴炜、李滢等人对其有所增补,增加了清代部分史事。然刻成不久,刻版即毁于火厄,故县令毛德琦特依吴氏刻本重新编辑,搜集资料较吴氏本更为广泛,对研究庐山历史大有裨益。

康熙六十年(1721 年)八月,毛德琦升授直隶遵化州知州。

雍正元年(1723 年)十月,原任总督李维钧题请调简,毛德琦调补获鹿县知县。四年(1726 年)九月,毛德琦奉旨凡督抚调简州县,俱着来京引见。

《清代档案史料丛编》第九辑(中国第一历史档案馆编辑)刊登的 259 件"雍正朝朱笔引见单"中有关于毛德琦的朱批引见单。引见是清代考察官员的一项制度,四品以下文武官员引见,例递该官员的引见单,开列籍贯、年龄、出身、履历以及引见情由。引见时,皇帝往往把对该官员的印象、评语和升迁降革的意见,用朱笔直接批在单上,即皇上在引见单上写下的对该官员的"鉴定"。按历朝惯例,皇帝写的批文都是用朱砂书写的,白纸红字,十分抢眼。雍正皇帝对毛德琦的朱批原文:"乃李维钧调简的,来引见。看人去得,卓用的。人老成,不似浙江人风气。似好知府,非大才。中上。四年十月。养心殿。"

雍正四年(1726 年)十月二十日,毛德琦奉特制补授江南镇江府知府。

>>>>>>> **附录**

读书堂

毛德琦

才高诚与命相妨,泥饮方知醉是乡。

率土尽传供奉曲,匡山尚有读书堂。

松元犹染宫袍湿,岩壑常沾翰墨香。

回忆少陵头白句,蜀笺曾寄到浔阳。

宛然群揖出风烟,五老相期太古前。
岂易巢松留此地,何难吏隐卜他年。
招来采石江头月,照彻匡庐山外天。
更拟筑台祠大雅,黄金先铸李青莲。

骆应炳

姓　名	骆应炳	字　号	光国、蔚亭
生卒年	1764—1848	出生地	九江府德化
朝　代	清	职　官	白鹿洞书院山长

　　白鹿洞书院,始为唐代李渤、李涉兄弟隐居读书处。南唐昇元中,立为"庐山国学",居国家高等学府之位。至宋代,与睢阳、石鼓、岳麓合称天下四大书院,并位列其首。

　　庐山国学首任主洞为国子监九经李善道,后掌教者多为品学兼优、颇有建树的大师级人物。乾隆二年(1737年),清高宗弘历下诏白鹿洞书院,凡书院之师长,必须经明行修,足为多士模范者,以礼聘。道光年间(1821—1850年),骆应炳辞归故里,曾应聘主洞掌教多年。

　　骆应炳,字光国,号蔚亭,九江府德化(今九江县)人。乾隆二十七年(1764年)出生,自幼聪明好学,五岁过目能诵。

"初学八股文,下笔惊长老。"他22岁考取秀才,而乡试屡屡不第,遂以教读为业,而从其学登甲第者却不鲜见。直至嘉庆九年(1804年),他40岁那年才考中举人,名列全省第二。翌年参加会试,他秋春两试联捷考中进士。从此,骆应炳步入仕途,当即分发山东以知县见用,历任长山、郓城、东阿等县。

嘉庆二十四年(1819年),骆应炳曾派充山东乡试同考官,唯才是举,"荐卷所得多才名之士"。试事结束回任,不料河南武陟县黄河堤段决口,大水漫入东河,灾黎遍野。他旋即投入抢救,凡赈济财物不假手吏役,亲乘小舟赴各村散发馒饼,民沾实惠。

骆应炳为官清廉,爱民惜才,名盈齐鲁。嘉庆帝褒其才德,锡之诰命,文曰:

奉天承运,皇帝制曰:分符百里,必遴出宰之才;报最三年,爰重懋官之典。尔现任山东济南府长山县知县,加四级骆应炳,授尔为奉政大夫,锡之诰命。

其夫人黄氏及父母均受到封赠。按古代官制,知县为七品官,小县还有从七品,而骆应炳加四级,封奉政大夫,官至五品,可见对骆应炳的诰命属破格了。但是,骆应炳深感宦海莫测,仕途乖刺,在知县职位上干了十五年,虽然受封五品虚衔,却一直得不到重用。

嘉庆二十五年(1820年),骆应炳以老病为由辞官,在省会济南曾设馆授徒,教书卖字,以积行资。骆应炳"归田三十年,未入城市",构土屋数椽,称"养拙山房"。他以教书为业,诗画自娱。

道光十年(1830年)，时任江西分巡广饶九南道祝云溪延聘骆应炳主白鹿洞书院山长。他主洞四年，谆谆训诲，士林钦服。道光十四年(1834年)，骆应炳年届古稀，以老辞归。临别前作《春风楼记》，全文500余字，字体流畅，一气呵成。后人依原件镌刻于石碑，至今仍立于春风楼前。

春风楼是骆应炳每天与诸生传道交流之所。他在春风楼度过了四年，春风化雨，润物无声，多少士子在此接受教诲，"如坐春风"。而人生苦短，犹如过客，故发出惜别感叹："余不才，寓居此楼者凡四年，今将辞而归，是亦一过客也。"

白鹿洞春风楼

道光二十八年(1848年)，骆应炳病逝于九江城门里金兰桥骆家嘴老宅，享年84岁。著有《长馀堂诗文集》。

黎世序

姓　名	黎世序	字　号	景和、湛溪
生卒年	1772—1824	出生地	河南罗山
朝　代	清	职　官	星子知县

　　黎世序,字景和,号湛溪,初名承德,河南罗山县定远乡刘店村人,幼年家贫。嘉庆元年(1796年)中进士,初任江西星子知县。他刚到任时,胥吏见他年纪轻,便对他有些轻视,但见他处事练达明敏,才佩服顺从。

　　嘉庆二年(1797年),以星子县知县署理建昌府南丰县知县,他劝农耕种,每人赏酒三卮、金花采布各一,慰劳如同家人。那年正遇乡试,他在河边为考生张

黎世序(网络资料图)

彩设幄、举乐行酒、赠予考试所需花费,生员无不欢欣鼓舞。四年(1799年),回星子县本任。

六年(1801年),调任南昌府南昌县知县。南昌县为江西省城首县,政务繁重,黎世序每天清晨起床视事,退食后接见宾客。曾处理公务文书连续五夜不倦,令年老的胥吏惊奇称之"神"。许多案件为胥吏所包庇,案情牢不可破。他命令当庭投递诉状、当面披询,情节轻者谕令解释,情节重者约定期日集讯。境内彭蠡湖富仓、安乐等圩连年决口,四乡农田常常颗粒无收。他就捐出养廉银,增筑圩堤,使数百村得以生息、免受水患。

十年(1805年),升江西饶州府军捕同知。随后历署饶州府知府、赣州府知府、袁州府知府。

十三年(1808年),擢江苏镇江府知府。丹阳县(今丹阳市)练湖常有水患,黎世序建大闸三座,便利航船通行、减少水患。竣工后,黎世序整理旧籍《湖漕成案》《练湖考》《练湖歌叙录》诸书,主编《练湖志》十卷。在任三年,尽心治理农田、水运。其间权署常镇道。

十六年(1811年),二月升淮海道,加按察使衔。与江南河道总督陈凤翔争执黄河倪家滩漫口的成因:陈凤翔主张海口不畅通,下游壅塞导致上游溃决,诿责于淮海道黎世序;而黎世序坚持壅塞处在倪家滩新堤附近,不在海口,并奏请筹办撤除拦潮坝。经两江总督百龄勘查后,最终还是支持黎世序的观点。黎世序也从此而知名。

朝廷商议开挖新河以疏通淮河海口,黎世序力主河水仍由黄河故道入海，两江总督百龄大力赞成并奏荐黎世序"人才难得"，嘉庆帝于是否决疏导案，以黎世序治理故道。

十七年（1812年），调淮扬道。随后陈凤翔遭革职遣戍，八月十七日以黎世序加三品顶戴署理江南河道总督。其子欲前往谋求官职，黎世序拒绝儿子："今黄河水患频仍，运河急待疏浚。……功以才成，业因才就，尔其能否？"

十九年（1814年），实授江南河道总督。下诏嘉奖黎世序加二品顶戴。

黎世序上任后，吸取明代潘季驯、清初靳辅等人治理黄河、淮河的经验，拟定"束水攻沙""蓄清敌黄"方针。运用"分洪治水"理论，在徐州西北十八里屯、苗家山、虎山等地依山建造三座大坝，改"束水攻沙"为"重门钳束"（用全河之水并力攻沙），改厢埽（用填压秸、苇护堤方法）为石头铺面构筑堤坡的新方法，既缩短了工期，又节约了开支，节省白银二三十万两。

清河县境运河，东濒黄河，仅靠一线单堤防护，两岸数十万人民每逢汛期，便纷纷逃离。为治理运河水患，黎世序在黄河与单堤之间筑越堤，以两道护水堤埂共御黄水。

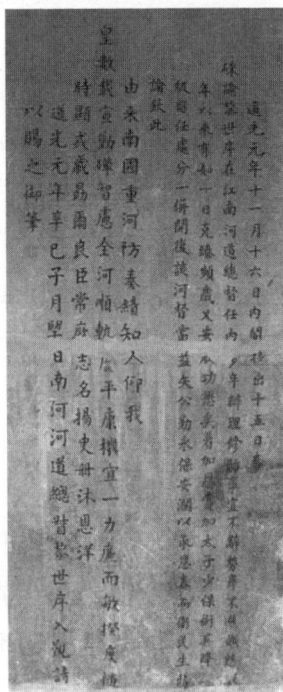

褒扬黎世序御碑

御碑亭牌楼

道光四年(1824 年),黎世序为了解决"中泓无溜"问题忧心劳瘁。正月二十一日,卒于清江浦官署,终年 52 岁(数月之后,高堰决堤)。逝世当天,清河县民极度悲伤,罢市、街号巷哭,"数十年来所未有也",士绅设灵位哭悼。因其死后没有足够钱财殡殓,朝廷特派官员运棺归葬河南罗山定远乡故里。

道光帝闻讯震悼,下诏褒奖,按例祭葬,从优赐恤,加尚书衔,晋赠太子太保,谥襄勤,入祀贤良祠,并赐御制挽诗一首,命勒石于墓、建御碑亭。江南官员奏请入祀淮安府名宦祠,并在河南罗山县另建专祠。江西南昌县民将东湖书院讲堂改建专祠祭祀黎世序,五年(1825 年)落成。又呈请督抚将其入祀南昌府名宦祠。

黎世序著有《东南河渠提要》一百二十卷、《续行水金鉴》一百五十六卷、《河上易注》十卷及《湛溪文集》多卷。

郑祖琛

姓　名	郑祖琛	字　号	梦白
生卒年	1784—1851	出生地	浙江乌程
朝　代	清	职　官	星子知县

　　郑祖琛,字梦白,浙江乌程(今属吴兴)人,郑义门第二十三代孙,嘉庆十年(1805年)进士。

　　嘉庆十二年(1807年),郑祖琛分发江西,任星子县令。性宽洪,治尚简易。以兴学举废为务。后移新建去任,星子百姓对他非常思念。在任六稔,大筑城垣,新县学宫,置义学于黄家巷,多有善政。历任广饶九南道、直隶天津道、两淮盐运使、福建布政使等职。鸦片战争爆发后,

郑祖琛(网络资料图)

奉命赴镇海军营帮办军务和粮台事务。后任陕西布政使、广西巡抚等职。道光二十五年（1845 年）任云南巡抚兼署云贵总督。

道光二十六年（1846 年），郑祖琛督兵助攻湖南新宁李元发起义，先后镇压湘黔边界的天地会起义和苗民起义。

道光三十年（1850 年）九月十三日，林则徐为钦差大臣，赴广西会同郑祖琛、向荣等镇压天地会起义。九月二十四日，诏夺郑祖琛职，命林则徐以钦差大臣暂署广西巡抚。

咸丰元年（1851 年）一月十一日，洪秀全集两万余人在广西金田村正式宣布起义，建号太平天国。清廷闻讯，调集兵力进行"围剿"。郑祖琛因防范懈怠，被御史、给事中袁甲三以"慈柔酿乱"弹劾革职。

郑祖琛题写牌匾
（部分）

≫≫≫≫≫≫ 附录

开先寺观瀑布

郑祖琛

万雷齐鸣地欲裂，赤日当空乱飞雪。

狂呼咫尺不闻声，仆御初来惊失色。

云斤凿破天门并，洪涛澎湃从空来。

玉女大醉翻琼杯，手持巨练当风裁。

石齿断断中断绝，儿女喁喁夜呜咽。

铜荷漏滴银瓶缺，鲛人泪落珍珠湿。

忽然一声翻水车，入阵乱走常山蛇。

万水来归老龙穴，五丁巨斧不能劈。

王母三扬东海尘，万古飞泉流不息。

山僧戏指双峰剑，其源高与天池通。

山林不放一笔直，千重万重作波折。

结成长带挂山腰，云去云来自明灭。

香风十里吹胡麻，水流石上千桃花。

我欲从之杳无路，上有石梁不敢渡。

（选自清同治《星子县志·卷二山川》）

李白所咏庐山瀑布

附录：南康府知府一览表

朝代·职官	姓名	任职年代	籍贯/学历
宋代·知军	林 揆	咸平二年	闽县
	余良肱	天圣年间	分宁县/进士
	祖无择	庆历二年	上蔡县/进士
	程师孟	庆历六年	吴县/进士
	曹 况	皇祐年间	胡田
	周敦颐	熙宁四年	道县/进士
	鲁有开	熙宁五年	
	晏昭素	熙宁五年	
	徐帅回	元丰八年	
	吴审礼	元祐年间	永兴县/进士
	黄庆基	绍圣初年	金溪县/进士
	孙乔年	崇宁四年	
	傅业进	政和五年	武宁县/进士
	林冲之	宣和年间	福清县/进士

续表

朝代·职官	姓名	任职年代	籍贯/学历
宋代·知军	晏孝本	绍兴二十年	临川县
	徐端甫	绍兴二十二年	
	赵子禬	绍兴二十二年	
	李 亦	隆兴年间	
	史 俣	乾道年间	
	李观民	淳熙年间	
	孙嗣祖	淳熙年间	
	石子重	淳熙年间	宁海县/进士
	史抑之	淳熙年间	
	朱 熹	淳熙六年	婺源县
	钱闻诗	淳熙八年	嘉兴县
	朱端章	淳熙十年	长乐县
	曾 集	绍熙三年	赣县
	赵师夏	嘉定年间	
	赵善沛	嘉定年间	
	朱 在	嘉定十年	新安县/进士
	陈 宓	嘉定十一年	莆田县
	赵希悦	嘉定年间	黄岩县
	黄 桂	嘉定十四年	
	史文卿	绍定五年	鄞县
	娄 杓	嘉熙年间	
	倪 灼	淳祐元间	
	张 虑	淳祐二年	
	方 岳	淳祐三年	祁门县

续表

朝代·职官	姓名	任职年代	籍贯/学历
宋代·知军	陆德舆	淳祐六年	
	陈淳祖	淳祐九年	永嘉县
	陈洽	淳祐十二年	
	袁从修	宝祐年间	
	胡存	宝祐三间	
	赵兴志	宝祐五年	青田县
	左膺午	景定年间	庐陵县/进士
	赵与权	景定年间	永新县
	刘传汉	咸淳年间	
	吴琳	景炎年间	
	赵彦騠	景炎年间	
	李正儒		
	魏宝先		
	黄唐		
	马玕		合肥县/进士
元代·总管	陈炎西	至元年间	
	崔翼之	大德年间	燕山县
	马应翔	皇庆元年	
	孙天民	至正年间	济南
明代·知府	吕明	吴元年	当涂县
	孟钦	吴元年	凤阳县
	安智	洪武三年	沛县
	陈安礼	洪武十三年	山西
	唐清	洪武十四年	

续表

朝代·职官	姓名	任职年代	籍贯/学历
明代·知府	暴 毅	洪武十四年	
	康尚文	洪武十六年	蒲城县
	熊达可	洪武十九年	柳州
	时起宗	洪武二十年	溧阳县
	郏贵完	洪武二十六年	浙江
	师 恕	洪武二十九年	
	李守中	洪武三十一年	湖州
	林仕敏	洪武三十二年	莆田县
	施 安	永乐四年	山阴县
	苏 耀	永乐十九年	永清县
	张 勤	永乐二十二年	山阳县/监生
	刘 麒	宣德四年	闽县/进士
	翟溥福	正统元年	东莞县/进士
	王 端	正统十四年	唐县/监生
	金 璧	景泰四年	怀安县/监生
	陈敏政	景泰五年	钱塘县/进士
	雍 浩	天顺四年	绵州/监生
	王 稳	天顺六年	临海县/举人
	何 浚	成化二年	河南/举人
	许 颙	成化五年	安阳县/进士
	曹 凯	成化八年	益都县/进士
	俞 诰	成化十一年	秀水县/举人
	于 秀	成化十四年	通许县/进士
	王 里	成化十九年	盐山县/举人

续表

朝代·职官	姓名	任职年代	籍贯/学历
明代·知府	王暄	弘治元年	嵊县/进士
	郭缙	弘治二年	夏县/举人
	刘定昌	弘治九年	綦江县/进士
	李显	弘治十六年	桃源县
	李景	正德元年	交城县/举人
	陈霖	正德三年	长兴县/进士
	刘章	正德五年	隆庆州/进士
	张愈严	正德十五年	眉州/进士
	罗辂	嘉靖元年	秀水县/进士
	严时泰	嘉靖四年	余姚县/进士
	王溙	嘉靖七年	开州/进士
	许仁	嘉靖九年	交河县/进士
	何岩	嘉靖十四年	扶风县/进士
	梁建辰	嘉靖十六年	番禺县/进士
	周祖尧	嘉靖十九年	东平州/进士
	王教	嘉靖二十二年	华亭县/进士
	刘廷诰	嘉靖二十五年	慈溪县/进士
	李淳	嘉靖二十八年	夹江县/进士
	刘存德	嘉靖三十一年	同安县/进士
	姜节	嘉靖三十四年	吴县/举人
	吴炳庶	嘉靖三十八年	仙居县/进士
	於闻	嘉靖四十三年	成都/进士
	张纯	嘉靖四十四年	永嘉县/举人
	佘应桂	隆庆元年	云南/举人

续表

朝代·职官	姓名	任职年代	籍贯/学历
明代·知府	贺邦泰	隆庆三年	丹阳县/进士
	任贤	隆庆五年	蒲州/举人
	刘巡	万历元年	鄢陵县/官生
	卢整	万历五年	临海县/举人
	朱桂芳	万历九年	裕州/举人
	潘志伊	万历十一年	吴江县/进士
	田琯	万历十七年	大田县/进士
	彭梦祖	万历二十二年	全州县/进士
	吴宝秀	万历二十六年	温州/进士
	叶云礽	万历二十七年	会稽县/进士
	余姑	万历二十九年	遂安县/进士
	傅道唯	万历三十七年	晋江县/举人
	费兆元	万历四十一年	乌程县/进士
	袁懋贞	万历四十五年	泰州/举人
	夏伟	万历四十七年	乌程县/进士
	汪宗文	万历四十八年	靳州/举人
	张善治	崇祯元年	三原县/举人
	尹三锡	崇祯五年	伍开卫/举人
	施承绪	崇祯九年	青阳县/进士
	伍裕统	崇祯十二年	芮城县/举人
	王养正	崇祯十五年	泗州/进士
清代·知府	聂应井	顺治二年	宜宾县/举人
	李长春	顺治三年	辽东/生员
	李嘉宾	顺治四年	辽东/贡士

续表

朝代·职官	姓名	任职年代	籍贯/学历
清代·知府	徐士仪	顺治五年	建德县/生员
	高民望	顺治九年	辽东
	薛所习	顺治十年	孟县/选贡
	王秉忠	康熙三年	辽东/举人
	廖文英	康熙七年、九年	连州
	伦品卓	康熙十三年	滦州/拔贡
	周灿	康熙二十四年	临潼县/进士
	李元鼎	康熙二十七年	海城县
	祖泽溶	康熙三十五年	
	刘涵	康熙三十八年	泾阳县
	张象文	康熙四十八年	歙县/廪生
	蒋国祥	康熙五十年	
	叶谦	康熙五十三年	闽县/举人
	张景良	雍正元年	夏邑县
	董文伟	雍正六年	顺天县
	谢锡衮	雍正年间	
	赵立身	乾隆八年	顺天县/进士
	柴玮	乾隆十三年	太平县/举人
	马德生	乾隆十六年	宁朔县/荫生
	苏岱	乾隆二十年	任邱县/贡生
	逯彭龄	乾隆二十二年	聊城县/监生
	夏铭崟	乾隆二十四年	钱塘县/贡生
	刘方溥	乾隆二十七年	洪洞县/贡生
	陈子恭	乾隆二十九年	海康县/荫生

续表

朝代·职官	姓名	任职年代	籍贯/学历
清代·知府	裴志濂	乾隆三十二年	曲沃县/贡生
	张世禄	乾隆三十五年	汉军镶黄旗/监生
	陈给书	乾隆四十年	徐沟县/进士
	戚蓼生	乾隆四十七年	德清县/进士
	王文涌	乾隆四十七年	会稽县/举人
	钱汝丰	乾隆五十年	嘉兴县/附贡
	周兆兰	乾隆六十年	
	赵德润	嘉庆元年	兰山县/举人
	王亨炜	嘉庆五年	乐昌县/贡生
	商 盘	嘉庆六年	
	倪汝炜	嘉庆九年	萧山县/监生
	窦国华	嘉庆九年	霍邱县/举人
	狄尚絅	嘉庆二十二年	溧阳县/进士
	李元鼎	道光年间	
	杨树基	道光十年	蓬莱县/进士
	霍树清	道光十一年	
	何增元	道光十二年	璧山县/进士
	王登墀	道光十六年	嘉善县/监生
	吴名凤	道光十九年	宁津县/举人
	戴鼎恒	道光十九年	乌程县/进士
	顾麟趾	道光二十五年	陕西/吏员
	邱建猷	道光二十五年	大埔县/进士
	周玉衡	道光二十六年	荆门州/举人
	王家谟	道光二十九年	绍兴县/监生

续表

朝代·职官	姓名	任职年代	籍贯/学历
清代·知府	元 善	道光三十年	内务府/江军
	张维屏	道光年间	番禺县/进士
	恭 安	咸丰二年	满州/监生
	王 楷	咸丰三年	费县/举人
	颜培高	咸丰七年	连平州/增生
	龚翔云	咸丰八年	贵州/举人
	颜其庶	咸丰九年、十一年	广东/副贡
	曾省三	咸丰十年	荣县/进士
	高延绶	同治二年	祥符县/进士
	黄廷金	同治四年	钟祥县/进士
	骆敏修	同治五年	蕲州/进士
	朱振菜	同治六年	贵筑县/监生
	王之藩	同治六年	凤阳县/贡生
	刘清华	同治七年	宁津/副贡
	盛 元	同治九年	蒙古正蓝旗/进士
	贺良贞	同治十二年	蒲圻县/举人
	曹秉浚	光绪三年	广州/进士
	王凤池	光绪四年	兴国州/进士
	刘锡鸿	光绪九年	
	王以懋	光绪三十三年	武陵县
	朱 锦	宣统二年	津门

参考资料

盛元等纂修,查勇云、陈林森点校:《南康府志》,清同治版,江西高校出版社,2016 年

蓝煦等纂修,徐新杰点校:《星子县志》,清同治版,1989 年

江西省星子县县志编纂委员会:《星子县志》,江西人民出版社,1990 年

江西省庐山风景名胜区管理局:《庐山历代诗词全集》,上海古籍出版社,2010 年

后　记

　　早在庐山市成立之前,景玉川先生邀我参与撰写"山南历史文化丛书",搜集、整理星子地方史料,传承历史文化。这是一个极有意义的公益文化项目,功在当代,利在千秋。当时我供职于星子县政协文史委,无论怎么说,都应义不容辞。只是忙于同治《南康府志》点校付梓有关事宜,迟迟没有付诸行动。直到2017年春节过后,我才真正着手"南康名宦"这一课题。

　　为什么选取"南康名宦",而不是"星子名宦"呢?缘于北宋太平兴国三年(978年),星子镇升格为星子县。仅隔四年,即太平兴国七年(982年),朝廷又在星子县设南康军,辖星子、都昌、建昌三县。除元至正二十一年(1361年)曾一度改名西宁府外,自明洪武九年(1376年)又改为南康府,后整个清代至民国三年(1914年)废府,一直称为南康府。南康军(路、府)治所在地一直在南康镇,前后延续930年。在近千年的历史中,星子不仅出现了一些廉洁奉公、造福为民的县官,更有一批名声显赫、百姓称颂的府吏。据同治《南康府志》第十二卷"职官"记载,仅知军、知府就有 193 人,知县、县尹 133 人。当然,实际人数一定大于这个数。所以星子地方史志对历代名宦的记载,一般南康府名宦数量多于星子县,而且史料相对更加详细。本书收录的历代名宦,也以南康知军、知府居多,故名《南康名宦》。

星子是个小县,在 960 万平方公里的中国版图上,似乎有点微不足道。然而,就像她的名字一样,是夜空中一颗闪烁发光的星星。在星子一千多年更迭演变的历史进程中,秀美的自然景观和丰富的人文景观交相辉映,渐渐形成了一方特殊的文化土壤和文化生态,从而孕育出历朝历代推动历史巨轮前行的杰出人物,可谓群彦竞雄,群星璀璨。我从小生长在这里,又一直工作在这里,内心常为家乡的秀美山川、厚重文化感到自豪,更为家乡英贤辈出、后不乏人感到骄傲。因此,我很喜欢搜集星子历代名人的史料和故事,这次也欣然接受了"南康名宦"这个课题。

本书共收录南康府(包括星子县)历代官宦人物 35 人,按出生时间先后顺序排列。他们多数是在南康府或星子县历史上做出过重大贡献的人物,事迹可圈可点;有的任职时间虽短,似昙花一现,但也产生了重要影响;也有地位很高、名声很大的官宦,却政绩不显,亦多有非议;也有功过难分、是非不明的人物,在历史上几成千古疑案……对此,我们尊重历史事实,还原历史人物本来面目,予以客观的描述评价,使后人了解历史真相,从而获得教育与启示。还有一些重要人物,初拟编入此书,或史料尚难挖掘,或史实尚须研究,只能暂告阙如,有待今后补充。

在本书编写过程中,参考了许多历史档案、文献、书籍及网络资料和图片,并从中选择采用了一些相关内容,在本书中未一一注明。在此,我向这些资料的提供者和作者深表谢意。

本书所记历代名宦人物涉及内容广泛,时间跨度较长,且笔者水平有限,疏漏与不足在所难免,敬请广大读者、专家、学者予以指正,并提出宝贵意见,以便今后修订,使之臻于完善(电子邮箱:yyongyyun@126.com)。

查勇云

2018 年 5 月 12 日于南康

跋

　　星子县依匡庐临鄱阳湖，独特的地理位置与自然风光，使这里名流过往，人文荟萃。从北宋初到1914年，在近千年的岁月里，鱼米之乡的星子一直是南康府（军、路）府治所在地，因而文化底蕴尤为丰厚。可是，随着社会的转型与剧变，我们熟悉的、充满农耕文明诗情画意的家乡渐渐变得陌生。一百多年前，清末重臣李鸿章感叹中国面临"三千年未有之大变局"。改革开放以来，中国社会又一次面临大变：农耕文明渐行渐远，负载着历史信息的物质与非物质传统文化在城乡巨变的进程中逐渐被遗忘，星子也不能例外。

　　文化是一个国家、一个民族的灵魂；文化兴则国运兴，文化强则民族强。为了留住历史的文化基因，感受传统，怀着对家乡历史的深情与敬意，我们抢救性地编写了这部历史文化丛书。因为一旦这一代人老去，要编写这类书就会更加困难。地域文化是历史、地理和行政区划沿革的产物，它基本上沿袭了千百年。一个地域的生态、资源、人口、经济等诸种因素结合在一起,人们在同样的环境中长期交往、聚居,形成了具有自身特色的地域文化。今天,"乡愁"是一个丰富了内涵与扩大了外延的名词,因此这又是一部乡愁丛书,它全景式地展示了星子的历史文化和地域风情,承载着人们对家乡故土的怀念与眷恋。

编写这部书稿的念头始于 2014 年初。几经筹谋,2015 年 3 月初,我与编委和作者们首聚,定丛书名为"山南历史文化丛书",并对各册编写进行了分工。不久我受邀主编《东林寺志》,不得不将精力放在寺院志上。2016 年夏《东林寺志》完稿,我这才有空关注这部丛书。出于诸种缘由,作者与书目后来有所调整:原定程湘达先生辑注的《摩崖碑刻》改由陈再阳负责;李代池先生撰写的《古村集镇》改由我接替。

这部百万字书稿的出版,经费也是一件大事。2016 年秋我偶然结识了三叠泉景天旅游公司(今改为北京景天国际旅游开发有限公司)的总经理景艳金,他与我同宗,辈分上属我的小弟。得知这部书稿的经费尚未落实,他慨然应允,这使我放下了心中一桩大事。不料第二年突生变故,景天公司陷入困境,但艳金依然几次表示他的承诺不变。我感激他的担当与义化追求,作者们也加快了丛书的编写进度。

2016 年 5 月 30 日,星子县与庐山合并,有着一千多年历史的县名从此消失,令人怅然若失。由于这一变化,我们将原来的"山南历史文化丛书"改名为"星子历史文化丛书",以纪念消失的县名。

丛书编委会成员多为星子籍或长期工作在星子的老同志，他们参与了丛书的组织与谋划。编委与作者们分居九江、星子两地，几年来他们共同参加书稿研讨会。欧阳森林先生更是在联络作者、安排会址、搜寻资料等方面做了许多工作。

九江市市长谢一平曾任星子县县长，他对"星子历史文化丛书"的编写与出版给予了肯定和赞许，对此我们表示感谢。

丛书顾问胡振鹏先生曾任江西省副省长，他和我同在星子县城长大，均少时家贫。他居城东南黄家巷，我居东大街。对家乡的历史文化，他一向怀有诚挚的桑梓之情。

我们也感谢庐山天合谷旅游公司对丛书出版的帮助。

丛书的编写与出版得到了江西人民出版社的热情关注与指导，副社长章华荣和责任编辑徐明德、徐旻、陈茜、王珊珊诸君为丛书的出版倾注了大量精力。在此，我们深表谢意。

丛书中有些照片和资料图来源于网络，特此说明并致谢意。也感谢所有为丛书的编写和出版提供帮助的单位与个人。

景玉川

2018 年夏于九江

图书在版编目(CIP)数据

南康名宦 / 查勇云著. – – 南昌：江西人民出版社，
2019.12
（星子历史文化丛书）
ISBN 978 – 7 – 210 – 11202 – 0

Ⅰ . ①南… Ⅱ . ①查… Ⅲ . ①政治人物 – 列传 – 星子
县 – 古代 Ⅳ . ①K827 = 2

中国版本图书馆 CIP 数据核字（2019）第 040985 号

南康名宦

查勇云　著

组稿编辑：章华荣
责任编辑：徐明德　王珊珊
出　　版：江西人民出版社
地　　址：江西省南昌市三经路 47 号附 1 号
邮　　编：330006
发　　行：各地新华书店
编辑部电话：0791 – 88677352
发行部电话：0791 – 86898815
网　　址：www.jxpph.com
2019 年 12 月第 1 版　2019 年 12 月第 1 次印刷
开　　本：880 毫米 × 1230 毫米　1/32
印　　张：5.625
字　　数：110 千字
ISBN 978 – 7 – 210 – 11202 – 0
赣版权登字—01—2019—415
版权所有　侵权必究
定　　价：30.00 元
承 印 厂：南昌市红星印刷有限公司
赣人版图书凡属印刷、装订错误，请随时向承印厂调换

星子历史文化丛书